대화식 메시지 시리즈 1

영이 깨어날수록 천국을 누린다

정원 지음

영성의 숲

영이 깨어날수록 천국을 누린다

정원 지음

영성의 숲

서문

　이 책은 [정원 목사 독자모임] 카페의 [대화식 메시지] 코너에 작년 11월부터 올해 5월까지 썼던 글을 정리한 것입니다. 사랑, 영성, 삶, 영적 깨어남 등 신앙의 기본적인 원리에 대하여 나누었습니다.

　제가 인도하는 집회나 강의에 참석하기 원하는 이들이 많이 있지만 여러 여건 상 모임을 가지는 것이 쉽지 않았습니다. 그래서 글로나마 모임을 대신하는 마음으로, 마주 앉아서 대화를 나누는 기분이 들도록 대화식으로 메시지를 전달하고자 하였습니다.

　여러 책을 통하여 다양한 형태로 메시지를 전하고 있지만 기본줄기는 아마 비슷할 것입니다. 영혼의 각성, 영적 성장, 사랑하는 삶, 주를 사모하고 갈망하는 마음의 증가.. 그와 같은 것들입니다.

　부족함이 많은 글들이지만, 이 책을 읽는 분들이 부족한 글들을 통하여 주님 안에서 힘을 얻고 더욱 더 간절히 주님께 나아갈 수 있기를 기대합니다. 주님의 은총이 독자 여러분들에게 충만하기를 기도합니다. 감사하고, 사랑합니다.

　　　　　　　　　　　　정원 드림.　　2010. 6월

Contents

1. 대화식 메시지 · 8
2. 주님은 우리를 사랑하신다 · 11
3. 사랑을 고백할 때 천국이 확산된다 · 23
4. 영이 깨어날수록 천국을 누린다 · 41
5. 우리 안에 임하는 크리스마스 · 45
6. 인생의 성공이란 사랑하는 능력의 증가에 있다 · 53
7. 승리의 비결은 내면의 그리스도이다 · 81
8. 주님은 우리 안에서 역사하신다 · 87
9. 심장의 기독교가 실상이다 · 96
10. 탐식과 비만의 치유와 영성회복 · 105
11. 문제도, 문제의 사람도 부르심이다 · 132
12. 영적 전쟁에서의 도움을 요청하시는 분들을 위하여 · 148
13. 사랑과 애정의 기대가 지옥을 부른다 · 197
14. 우리는 진정 주님을 사랑하고 있는가 · 204
15. 너그러움을 훈련하라 · 212
16. 주님께 무한리필을 받으라 · 218
17. 지금이 우리 인생의 정점이다 · 223
18. 인생이란 정화와 헌신의 과정이다 · 231

1. 대화식 메시지

저는 대화식의 메시지를 좋아합니다. 1:1로 이야기를 나누는 것처럼 편안한 일상의 언어를 사용해서 메시지를 전달하는 것을 좋아하지요.

목사이기는 하지만 강단에서 혼자서 말씀을 전하는 것보다 서로 같이 빙 둘러 앉아서 도란도란 이야기를 나누는 것을 좋아합니다. 혼자서 이야기를 하는 것보다 사람들에게 그 동안 어떻게 지냈는지, 무슨 일들이 있는지 직접 물어보기도 하고 질문에 대답하기도 하면서 이야기를 주고받는 것을 좋아해요.

혼자서 하는 것은 가끔 재미가 없을 때가 있거든요. 하지만 같이 이야기를 하면서 웃고, 장난도 치고.. 하는 것은 재미가 있어요. 그리고 또, 서로에 대해서 잘 알지를 못하면 상대방에게 적절한 메시지를 줄 수가 없어요.

그러면 어떻게 하면 상대방에 대해서 잘 알 수 있을까요? 기도를 많이 하면 주님이 계시를 주셔서 알게 하실까요? 물론 그것도 멋진 일이기는 하겠지만 주님은 우리에게 가장 쉽고 자연스러운 방법을 주셨어요. 그것은 서로 대화를 하는 것이죠. 그것이 일반적인 방법이에요.

항상 특별한 방법보다 일반적인 방법이 좋은 것이죠. 음식도 특별한 것보다는 어디서나 볼 수 있는 음식이 사람에게 제일 필요한 것인 것 처럼요.

어떤 이들은 내가 모든 사람을 다 속을 다 들여다보고 잘 안다고 생각해요. 그래서 뭘 물어보면 "다 아시잖아요" 그러는 분도 있어요. 내 참.. 제가 어떻게 알겠어요.

사람을 알 수 있는 가장 좋은 방식은 이야기를 하는 것이에요. 그리고 이야기를 듣는 것이죠. 성의를 가지고 즐거운 마음으로, 사랑하는 마음으로 상대방의 이야기를 잘 듣고 있으면 그 사람에 대해서 배우게 되죠.

그리고 상대방의 이야기를 들으면서 동시에 주님께도 귀를 기울이고 있으면 주님께서 이 사람에게 무엇을 전하기를 원하시는지 느껴질 때가 있어요. 그러면 그것을 전달하면 되죠.

그래서 혼자서 이야기를 하는 것보다 같이 이야기를 나누는 것은 즐거운 일이에요. 기도든, 연애든 뭐든지.. 혼자서 일방적으로 하는 것은 재미없는 일이에요. 한 쪽에서 일방적으로 이야기하고 한쪽에서는 듣기만 한다면.. 생각해보세요. 연인들끼리, 가족들끼리, 부부가, 아빠와 딸이.. 그런 식으로 일방적인 대화를 하면 재미가 있겠어요?

아무튼 여기서는 독자님들과 대화를 하는 것처럼, 그렇게 이야기 식으로 가끔 나누고 싶은 것을 나누려고 해요. 여러분이 덧글을 주시면.. 또 그것에 대해서 조금 더 이야기를 진행하는 것도 좋겠지요.

제가 많은 것을 알고 있고, 또 항상 옳다.. 이런 생각은 해본 적이 없어요. 세상에는 많은 훌륭한 분들이 계시고, 많은 좋은 가르침들이 있으니까요.

지금 생각해보면 과거에도 잘못 생각하고 실수한 적이 많았고, 지금도 부족하기 짝이 없죠. 다만 제가 나름대로 믿고 주님을 따르고.. 그러한 이야기를 하는데 그것이 자기에게 맞는 면이 있고, 도움이 되는 분이 있다면 그것은 좋은 일이겠죠.

아무튼 부담 없이, 같이 대화를 나누는 것처럼 간단하게 짧게.. 조금씩 이야기를 해볼게요. 이 이야기들이 주님을 알아가고 그분께 가까이 나아가는 데 도움이 되었으면 좋겠군요.. 모든 회원님들께 감사드립니다.

09. 11. 11

2. 주님은 우리를 사랑하신다

주님은 우리를 사랑하신다.. 이 기초적인 메시지에서부터 이야기를 시작하고 싶군요. 주님이 우리를 사랑하신다는 것, 이 사실을 충분히 이해하고 깨닫고 느끼고 아는 것.. 그것이 신앙생활에 있어서 기본적으로 중요한 것 같아요. 신앙생활을 시작할 때 이러한 인식이 기본이 되어야 하지 않을까 싶어요.

사랑한다는 말을 조금 쉽게 '좋아하신다' 이렇게 표현할 수도 있겠지요. 주님은 우리를 좋아하신다.. 우리를 어여삐 여기시고 불쌍히 여기신다는 말씀이죠.

시편 103편 13절은 아버지가 자식을 긍휼히 여기는 것처럼 하나님께서 우리를, 그를 경외하는 자들을 긍휼히 여긴다고 하셨어요. 하나님을 경외하고 하나님께 나아가는 자들을 하나님은 불쌍히 여기신다는 것이죠.

이 메시지, 이 사실을 충분히 인식하고 있나요? 이 광대한 우주를 지으신 분이 나를 만드셨으며 또한 나를 좋아하신다.. 그분이 나를 보고 싶어 하시고 만지고 싶어 하시고 이야기하고 싶어 하시고.. 안아주고 싶어 하시고.. 나를 애처롭게 여기고 있다는 것.. 그분이 나를 좋아하시고 있다는 사실을 정말 충분히 알고 있나요?

그런데, 이것은 아주 많이 들어서 알고 있는 아주 기본적인 사실이기 때문에 다 잘 알고 있는 것 같으면서도, 실제로는 잘 인식하지 못하는 분들이 많은 것 같아요. 왜냐하면 그것을 제대로 인식하고 깨닫는다면 정말 기쁨이 가득해지고 자신감이 생기게 되거든요. 심령 깊은 곳에서 아주 기쁨과 행복감이 올라오죠. 정말 선명하게 인식하고 있다면 말이에요.

그런데 오늘날 신자들을 보면 그 자신감과 기쁨이 별로 없어요. 많은 신자들이 낙심과 좌절과 열등감.. 들을 가지고 있어요. 나는 공부도 못하고, 돈도 없고.. 잘 생기지도 못했고.. 부모들도 부자가 아니고 힘이 되는 배경도 없고.. 그래서 풀이 죽어 있는 분들도 많아요.

하지만 그 기본진리를, 사실을 안다면 그러한 것들이 문제가 되겠어요? 이 우주를, 세상을 지으신 분이 나의 편이고 나를 좋아하신다는 사실을 충분히 인식하고 있다면요..

우리들이 가지고 있는 많은 근심, 걱정, 염려.. 들이 우리의 배후에 계시는 주님을 신뢰하지 않기 때문에 오는 것이죠. 많은 신자들이 주님의 인도하심과 섭리와 사랑하심, 준비하심을 신뢰하지 않아요. 그래서 온갖 걱정 근심에 쌓이게 되죠. 하지만 주님의 함께 하심과 사랑하심을 신뢰한다면 그러한 많은 어두움에서 벗어나게 될 거에요.

그러므로 신앙의 기초, 시작에 있어서 하나님의 사랑과 은총에 대해서 우리는 충분한 인식이 있어야 해요. 이것이 기본이죠.

이런 이야기를 하면, '그것은 옳다. 그리고 좋은 이야기다. 하지만 하나님께 나아가는 첫 시작은 회개가 아닌가? 철저한 회개 없이 하나님의 사랑과 은혜만을 주장해서는 안 되는 것 아닌가?' 하고 생각하실 분들도 있겠지요. 물론 그 말도 전적으로 옳아요.

하지만 이런 측면을 생각해야 합니다. 아가가 출생했을 때, 엄마는 그 아가에게 먼저 규칙을 가르치지 않아요. 순종을 가르치고 악성을 버릴 것을 요구하지 않아요. 일단 먼저 안아주죠. 설레는 가슴으로, 감격으로 부들부들 떨면서 그 아가를 안아주어요.

저도 그랬지요. 제가 처음에 아빠가 되어 그 놀라운 아가를 안아주었을 때, 가슴이 설레서 터지는 줄 알았어요. 아가가 태어났다는 간호사의 말을 듣고 병실로 뛰어 들어갔다가 병실의 문을 머리로 '쾅!' 하고 박아서 머리가 깨지는 줄 알았죠. 병실의 문이 투명한 우리 문이었는데 그게 안 보였어요. 제 정신이 아니었거든요..

아내도 이야기하곤 하죠. 첫 아이를 낳고 산부인과를 나와서 택시를 타고 집에 도착해서 그 조그만 아이를 팔에 안고 계단으로 올라가는데, 얼마나 가슴이 설레고 신비한 느낌이었는지.. 그 기분을 잊을 수가 없다고 해요..

나의 두 번째 아가를 처음 보았을 때, 피가 조금 묻어있는 작은 천 보자기에 쌓여있는 조그만 딸아이를 처음으로 안아주었을 때 나는 미치는 줄 알았어요. 얼마나 마음이 기쁘고 사랑스럽고 가슴이 설레는지.. 눈물만 나왔죠. 나같이 나쁜 놈에게 왜 이렇게 아름다운 천사를 보내주셨는지.. 정말 기가 막히고 눈물이 나왔어요.

아가가 정말 이렇게 아름다운 것인지 정말 놀랐어요..

아이가 너무 이쁘게 보이는 것은 지금도 여전하죠. 아들 녀석은 군대 가서 GOP에서 고생하고 있죠. 그래서 보고 싶지만 기도만 해요.

하지만 딸은 같이 있으니까 밤마다 사랑을 표현하면서 잠을 재웁니다. 대학생이지만 제가 보면 아가죠. 그래서 '우리 아가.. 왜 이렇게 이쁘고 사랑스럽지?' 하면서 머리도 쓰다듬어 주고 토닥거리면서 잠을 재워요.

아이는 '아빠는 내가 좋아서 죽겠나봐..' 하면서 내 품에 안겨서 팔을 베고 잠들죠. 그런데 이 아이가 나중에 엄마가 되고 중년이 되어도 내 눈에는 그냥 아가 같고 천사 같을 것 같아요. 이 아가가 조그마했을 때, 내 등으로, 머리로 기어 다니던 때의 모습이 항상 내 마음의 기억 속에 있으니까요.

우리 집은 아이가 자라서 한 살이 되면 징계를 시작하죠. 자기 맘대로 고집을 부리지 않고 순종하며 그 의지가 아직 어릴 때 그리스도에게 복종하도록 가르치기 시작해요. 세 살이 되기 전에 이 아이가 그리스도에게 복종하도록 가르치죠. 세 살 버릇이 여든까지 가니까요.

하지만 한 살 전까지는 혼을 내지 않아요. 아가가 아무 것도 모르니까요. 그래서 그 때는 그냥 안아주고 만져주고 자꾸 뽀뽀하고 아가가 잠자고 있는 모습을 지칠 때까지 쳐다보죠.

아가들이 어렸을 때는 자주 제 배위에 올려놓고 재우곤 했지요. 아가의 체온이, 그 무게, 느낌이 너무 황홀했으니까요..

아가는 태어나서 어느 정도 지나면 교육을 받아야 해요. 요즘 보면 아주 어린 아이들도 마구 성질을 내고 고집을 부리고 남을 배려하지 않고 함부로 하는 것을 많이 볼 수 있죠.

그것은 교육이 잘못된 거에요. 그렇게 살면 주님을 거스르게 된다는 것을 어릴 때부터 가르쳐야 해요. 하지만 그러한 교육이 시작되기 전에 아가는 엄마가, 아빠가 나를 너무나 사랑하고 있다는 사실을 먼저 충분히 익혀야 해요. 그리고 그러한 사랑, 관계의 기초 속에서 교육이 시작되어야 해요.

딸아이가 전에 그런 이야기를 한 적이 있어요. 자기는 빗나갈 수가 없다고.. 왜냐하면 그렇게 되면 아빠의 가슴이 찢어질 거니까.. 다른 어떤 것보다도 그건 정말 견딜 수 없다고 해요.. 그러니까 사랑의 관계는 좋은 교육의 기초가 되는 것이죠.

믿음을 시작할 때 이 기초가 분명해야 해요. 주님은 우리를 좋아하신다는 것, 그분이 피를 흘리고 찢기며 죽는 것을 기쁘게 여기실 정도로 우리를 사랑하신다는 것.. 이 사실을 분명히 인식해야 해요.

주님은 우리의 악한 모습, 제멋대로인 상태를 결코 용납하시지는 않아요. 주님은 우리 자체를 사랑하시는 것이지 우리 안의 악성과 죄성과 욕망이나.. 이런 것들을 내버려두시지는 않아요.

그러한 것들은 우리가 주님의 인도와 프로그램 속에 들어가면 서서히 부서지기 시작하죠. 주님을 알아갈수록 사소한 죄들도 그냥 넘어갈 수 없게 되요.

주님은 우리가 마땅히 알아야 할 것들, 필요한 것들을 가르치시거든요. 아가가 사랑스럽다고 유치원이나 학교에 보내지 않는 부모는 없어요. 조금 지나면 가르침을 시작해야 해요.

하지만 죄도 회개해야 하고 거룩한 삶을 살아야 하고 문제 속에서 주님의 음성을 듣는 법도 배우고 순종도 배워야 하지만, 가장 기본적인 이 사실을 인식해야 해요. 주님은 우리를 좋아하시고, 그래서 우리에게 선을 베푸시기를 즐거워하신다는 것을요.

여러분.. 여러분을 보시는 주님의 눈빛을 아세요? 그것은 사랑으로, 긍휼로 가득한 눈빛이에요. 불쌍히 여기고, 안타까워하시는.. 사랑이 가득한 시선이죠.

에베소서 4장 30절에 이 말씀이 있어요.

"하나님의 성령을 근심하게 하지 말라 그 안에서 너희가 구원의 날까지 인치심을 받았느니라"

하나님의 영, 성령님이 우리 안에 계시는데 그분이 우리 안에서 근심을 하실 때가 있어요. 우리가 불순종하고 죄를 짓고 악의 길로 행하고 주님을 아프시게 할 때 우리 안에서 근심을 하시는 거죠.

그래서 죄를 지으면 가슴이 답답해지는 거예요. 남을 비난하거나 화를 낼 때 가슴이 행복해지는 사람이 있나요? 누구나 가슴이 답답하죠.

그런데 그 근심하시는 것이 사랑의 마음에서 나오는 근심이에요. '저 나쁜 놈을 그냥.. 가만히 두나 봐라..' 하는 것이 아니고 '아.. 내 사랑하는 이 아이가 왜 이럴까..' 하고 슬퍼하시고 아파하시는 거예요. 그 근심 안에는 사랑의 마음이, 사랑의 아픔이 담겨 있어요.

주님은 그처럼 우리를 보실 때 기쁨의 사랑을 가지고 보기도 하시고, 슬픔어린 근심어린 사랑의 눈으로 보시기도 해요.

얼마 전에 가까운 이들과 여름 수련회를 가졌는데, 주님의 풍성하신 역사들이 많이 있었고, 다들 주님의 임재가 아주 선명하게 되었어요.

저도 가슴이 너무 뜨거워져서 한동안 거기서 벗어날 수가 없었어요. 수련회가 끝난 지 며칠 지난 후에, 저는 집에 있고 센터에서 회원들이 모임을 가지고 있었는데, 갑자기 이들이 얼마나 보고 싶고 사랑스러운지.. 집에서 견딜 수가 없는 거예요.

그래서 모임에 갔죠. 가서 이렇게 이야기를 했어요. "여러분.. 지금은 메시지를 전하러 온 것이 아니고 모두를 한분씩 안아주고 싶어서 왔습니다. 주님이 여러분을 너무나 사랑하시고 저도 여러분을 사랑합니다.."

그렇게 말한 후에 간단한 메시지를 마치고 모든 분들과 한분씩 포옹을 했어요. 축복의 메시지를 전하면서요.. 많이들 우시고, 저도 눈물이 흘렀지요.

만일 사역자가 집회 장소가 아닌 개인적인 만남이나 공간에서 포옹을 하면 그건 좀 이상하겠지요. 그런데 집회에서 주님의 아름답고 거룩한 감동이 흐르는 상태에서는 포옹이 좋은 것 같아요. 그래서 제가 인도하는 모임에서는 서로 포옹하며 사랑을 고백하는 것을 자주 시킵니다. 물론 동성끼리만 시키는데, 대부분 눈물이 그치지 않고 서로 떨어지려 하지 않아서 나중에 억지로 떨어뜨리곤 하지요.

주님의 시선이 임할 때 사람들을 보면 너무나 한분 한분이 사랑스럽게 됩니다. 어린 아이는 말할 것도 없고 할머니도, 아저씨도.. 너무나 예쁘게 보이지요. 주님이 이들을 너무 사랑하시며 불쌍히 여기시는 것을 느끼게 됩니다.

조금 성장한 사람들은 죄에 대해서 구체적으로 지적을 받아야 해요. 처리를 받아야 해요. 그런데 아직 영적으로 어린 사람들, 잘 성장이 안 된 이들은 이 기초가 분명해야 해요. 주님이 그를 너무나 사랑하신다는 사실을 충분히 깨달아야 해요. 그래야 속이 건강해져요.

죄를 이기는 것은 진노에 대한 두려움에서가 아니라 그 사랑에 대한 인식에서 와요. 공부를 못하는 학생에게 성적이 나쁘면 채찍으로 때리겠다고 온갖 위협을 해도 성적은 오르지 않아요. 마음이 두려움으로 눌리기만 하겠죠.

하지만 학생에게 공부의 즐거움을 가르쳐주고 공부를 재미있게 할 수 있는 요령을 가르치면 공부에 흥미를 갖게 되지요. 사람을 변화시키는 것은 진노가 아니고 사랑이에요.

저의 아이들이 무엇을 잘못했을 때 제가 혼을 내곤 하지요. 아이들이 어렸을 때는 매를 들기도 했었어요. 그런데 아이들은 제가 매를 들거나 야단을 칠 때까지 무덤덤하다가도 나중에 제가 가슴아파하면서 눈물을 흘리면 그것을 보고는 펑펑 울면서 잘못을 반성하곤 했지요. 아빠의 고통 속에 있는 사랑을 느낄 때 아이들은 회개하고 순종하며 주님을 사모하는 길로 한걸음씩 나아가게 되어요.

왜 사람들은 신앙의 깊이에 더 잘 나아가지 못할까요? 왜 죄를 짓고 육체의 욕망과 자아의 만족을 포기하지 못하는 것일까요? 그것은 주님의 마음, 주님의 사랑, 그 달콤함을 잘 몰라서 그래요. 기도가 얼마나 아름답고 행복한지, 주님과 교제하는 것이 얼마나 행복한지.. 잘 몰라서 그래요. 아주 맛있는 음식을 먹고 쓰레기 음식을 먹는 사람은 없어요.

그래서 기본적으로 주님이 얼마나 좋으신 분이신지, 당신에게 얼마나 놀라운 호의를 가지고 계신지.. 이것을 충분히 인식하고 깨닫는 것이 아주 중요해요.

저는 자주 이렇게 기도해요.

"주님.. 왜 저 같은 쓰레기에게 사랑을 베푸십니까.."

주님은 그저 말씀하세요.

"나의 은혜와 사랑이 넉넉하기 때문이다.."

우리들은 이렇게 기도하지요.

"주님.. 죄송해요.. 저는 너무 개판이에요.."

주님은 말씀하십니다.

"내가 너를 위하여 죽었단다.."

우리는 울면서 고백할 수도 있어요..

"주님.. 제가 얼마나 사악한지요.. 정말 저는 죽어 마땅한 인간입니다.."

주님은 말씀하십니다.

"그래.. 하지만 내가 너를 사랑함으로 피를 흘렸단다.."

이 사실을 인식하세요. 우리는 개판이지만, 주님은 우리를 좋아하시고 불쌍히 여기십니다. 우리를 사랑의 시선으로 보고 계세요. 그러므로 그 사랑의 주님 앞에 나아갈 때 우리는 변화될 수 있습니다. 주님이 우리를 새롭게 해주시니까요.

은근히 속에 두려움을 가지고 있는 분들이 많아요.

'하나님 앞에 나아가면 나는 완전히 박살이 날거야. 나는 개판으로 살았으니까.. 주님과 가까이 교제하고 있는 영성인들을 만나면 나는 완전히 박살 날거야.. 그는 내 속의 죄를 다 알고 망신을 주고 혼을 낼 거야..'

그렇게 생각하시는 분들이 적지 않아요.

하지만 그것은 오해입니다. 주님을 가까이 아는 분이 있다면 그는 여러분의 영이 회복되는 것을 도와줄 것입니다. 주님이 여러분을 만나시면 "내가 너를 사랑한단다.." 하고 말씀하실 거에요. 주님은 당신을 꾸짖으실 수도 있어요. 하지만 겪어보면 그 꾸짖음의 말씀이 얼마나 달콤한지.. 아름다운지 느끼게 될 거에요. 당신은 눈물로, 통곡으로 주님께 회개하고 죄송하다고 고백하겠지만, 그러나 그 눈물과 통곡과 탄식과 한숨의 토로가 얼마나 천국 같은지.. 경험하게 될 것입니다.

주님은 좋으신 분입니다. 그분은 여러분을 사랑하십니다. 그리고 불쌍히 여기십니다.

우리가 "주님.. 죄송해요.. 저 또 개판을 쳤어요. 엉엉.. 안 그러려고 했는데.. 죄송해요.."

하고 말하면 주님은 말씀하십니다.

"그래.. 너도 혼자 힘으로 아무 것도 할 수 없는 것을 알지 않니.. 이제 나와 함께 하자. 나와 함께 걷자.. 이제 내가 같이 있으면 아무 것도 걱정할 것이 없단다.."

이 좋으신 주님께 가까이 나아가세요. 주님과 오늘도 동행하세요.

주님과 따로 떨어져 자기 혼자 살지 마세요. 주님과 떨어져 나 혼자 살고 있다면 뭘 해도 재미있는 일이 없다는 것을 아셔야 해요. 마음속에 '나는 아니야. 내가 얼마나 못됐는지 아무도 모를 거야.. 주님은 나 같은 것을 사랑하지 않으실 거야. 나는 자격이 없어..' 하는 생각을 하는 분이 있다면 그것은 속고 있는 것입니다.

주님은 당신을 좋아하십니다. 그리고 당신에게 선을 베풀기를 원하십니다. 그러므로 당신이 주님께 가까이 나아갈 때 주님은 당신에게 은총을 베푸실 것이며 당신은 기도의 시간이 이 세상에서 가장 아름다운 시간이며 은총의 순간인 것을 곧 경험하게 될 것입니다.

좋으신 주님을 찬양합니다. 할렐루야..

* 주님이 얼마나 좋으신 분인지.. 그것을 경험할수록, 그것을 누릴수록.. 그 사람은 변화된다. 변화되지 않을 수가 없다. 할렐루야..

09. 11. 11

3. 사랑을 고백할 때 천국이 확산된다

여러분, 모두들 행복하신가요? 행복한 삶을 누리고 계십니까? 우리 모두가 다 행복해졌으면 좋겠어요. 그래서 행복한 삶을 위하여 한 가지 이야기를 하고 싶어요. 행복에 있어서 가장 필요한 것은 환경이나 조건이 아니고 마음의 상태라는 것, 특히 사랑하는 마음에서 행복이 온다는 것을 잠깐 나누고 싶어요.

하나님은 사람을 사랑의 존재로 창조하셨습니다. 하나님과 친밀한 사랑의 교제를 나누기 위하여 창조하셨지요. 또한 다른 사람과도 친밀하고 아름다운 교제를 나누도록 창조하셨습니다.

그러므로 사람에게 최고의 법은 첫째로 하나님을 사랑하는 것이며 둘째로 사람들.. 영혼들을, 이웃들을 사랑하는 것이죠.

그래서 사람은 사랑을 할 때 행복해져요. 사랑하지 않으면 기쁨이 없고 만족이 없고 행복하지 않지요. 사람은 그렇게 설계가 되어 있어요. 영원한 곳에 가서 우리의 삶에 대한 판단을 받을 때 우리는 우리의 삶이 사랑의 삶이었는지에 대하여 평가를 받게 될 것입니다.

우리가 지금 괴롭고 힘들고 비참하다면, 그것은 결코 환경의 문제가 아니라는 것을 이해하셔야 합니다. 그것은 결코 돈이 부족하거나 재능이 없거나 몸이 아프거나.. 하는 데서 오는 것이 아니에요. 오늘날 흔히 그렇게 생각하지만.. 자기의 마음에는 문제가 없고 환경에 문제가 있다고 생각하지만, 결코 그렇지 않습니다.

고통스럽게 느끼는 것은 근본적으로 그 사람의 마음, 영혼에 문제가 있고 아픈 것입니다. 환경에 문제가 있어도 마음과 영이 문제없으면 괴롭지 않아요. 스데반이 돌에 맞아죽을 때 그의 환경은 별로 좋지 않았지요. 그러나 그는 기쁨이 충만했습니다. 마음과 영의 상태가 충만하니 나쁜 환경이 그를 지배하지 못했지요.

우리의 영에는 구체적으로 어떤 문제가 있는 것일까요? 가장 보편적인 문제가 사랑이 부족하다는 것이며 사랑하지 않는다는 것입니다.

우리의 영이 건강하지 않으면 우리는 사랑을 주고받는 것을 잘 하지 못합니다. 그리고 그 사랑의 결핍이 사람을 비참하게 만들어요. 그래서 다양한 증상이 나타나게 됩니다.

외로움, 슬픔, 분노, 두려움, 중독.. 등 많은 증상들이 나타나지요. 그 모든 증상들은 사랑을 얻고 싶지만 얻지 못해서 나타나는 증상이에요.

사랑의 관계가 없을 때 사람은 아주 비참해집니다. 돈이 있어도, 명예가 있어도, 사람들이 부러워하는 많은 조건들을 가지고 있어도 그는 결코 행복하지 않아요. 하나님께서 사람을 그렇게 설계하셨기 때문입니다.

왜 오늘날 과식과 탐식이 많을까요? 속에서 굶주렸기 때문입니다. 왜 점점 더 중독자들은 늘어날까요? 속에서 허전하기 때문입니다.

왜 사소한 일에 폭발하고 분노할까요? 미워하며 용서하지 않고 다른 이들의 잘못을 오랫동안 기억할까요? 속이 채워져 있지 않기 때문입니다. 그 속은 오직 사랑으로만 채울 수 있습니다.

주님은 심판 날에 "불법을 행하는 자들아 내게서 떠나가라" 명령하십니다. 또한 말세에 "불법이 성하므로 많은 사람의 사랑이 식어지리라"고 말씀하셨어요.

오늘날 이 세상은 하나님의 법이 아닌 잘못된 법이 가득합니다. 그 결과 사랑이 점점 더 식어지고 있어요. 사람들은 점점 더 정죄와 비난에 익숙해지지요. 어린 사람들도 쉽게 섬뜩하고 잔인한 말들을 사용합니다. 언어표현들도 점점 더 살벌해져가지요.

비난과 판단과 미움을 어디서나 볼 수 있어요. 많은 관계들이 파괴되어 가지요. 가정에서, 사회에서 사랑이 식어져 갑니다. 잔소리나 서운한 이야기를 들을 때는 많지만 진심어린 격려와 따뜻한 사랑의 이야기를 들을 기회는 점점 더 적어집니다.

그래서 사람들은 점점 더 비참해지지요. 몸도 피곤하지만 마음이 더 피곤해요. 속에서 영혼의 만족을 얻을 수 없으므로 자꾸 육체의 쾌락을 탐하게 됩니다. 물질을 탐하고 음식을 탐하고 욕망에 사로잡히지요.

진정한 것을 얻지 못하니 저급한 욕망에 사로잡히는 것이죠.

행복한 사람이면 마약을 하겠습니까? 기쁨이 넘치는 사람이면 술 중독이나 불륜이나 게임 중독에 빠질까요? 그러한 것들은 비참한 처지에서 도피처를, 탈출구를 찾아서 방황하는 사람들이 하는 일이에요.

그들의 육체들이 흥분하고 있는 동안 그들은 느끼지 못하겠지만 그들의 영혼은 속에서 비참하게 울며 해골처럼 말라져가고 있어요. 영혼을 먹일 수 있는 시간, 그들에게 주어진 시간들이 점점 사라져가고 있는데도 말입니다. 육으로 산다는 것은 얼마나 비참하고 무서운 일인지 모릅니다.

영적인 삶은 곧 사랑하는 삶입니다. 그것은 신비한 세계를 경험하고 도취되어 있는 상태가 아니에요. 하나님을 사랑하고 이웃을 사랑하고 섬기는 삶이죠. 이기적이고 자기중심적인 삶에서 벗어나 즐거이 종이 되어 봉사하는 것을 즐기게 되는 것, 그것이 곧 영적인 삶입니다.

우리는 누구나 사랑할 때 행복합니다. 사랑을 고백할 때 행복하지요. 하나님을 사랑하고 이웃을 사랑하고 가족을 사랑할 때 우리는 행복을 느끼게 됩니다.

우리는 예배를 드리며 하나님께 사랑한다고 고백하고 사람에게 사랑한다고 고백해야 합니다. 가족 예배를 드리며 남편을 포옹하고 사랑한다고 말하고 아내를 포옹하며 사랑한다고 말해야 합니다. 자녀를 포옹하면서 사랑한다고 말해야 해요. 하나님의 임재가 있는 곳에 사랑이 일어나고 사랑의 고백과 표현이 있는 곳에 하나님의 임재가 가까이 옵니다.

미워하면서, 용서하지 않으면서, 남을 함부로 판단하고 뒤에서 비난하면서 하나님께 가까이 나아가려고 하는 이들은 오해를 하고 있는 것이죠.

그것은 불가능한 일이에요. 하나님의 속성은 사랑이신데, 그와 반대되는 미움의 속성을 가지고 하나님께 나아가는 것은 불가능합니다. 그러한 상태로는 아무리 오래 기도해도 주님과 친밀한 관계로 나아갈 수가 없어요.

사랑의 마음이 있을 때 우리는 하나님께 가까워질 수 있으며 또한 하나님이 가까이 오실 때 우리는 사람들에 대한, 영혼에 대한 애정과 그리움, 불쌍히 여기는 마음이 일어나게 되어요.

대인관계의 원리에 대하여 제가 자주 전하는 메시지가 있는데 그것은 [존경하라, 사랑하라, 불쌍히 여기라]는 것입니다.

어떤 사람이 존경받을 만한 사람이면 그 사람을 존경하는 것이 좋아요. 누군가를 존경하면 그 사람과 일종의 영적 연결성을 가지게 되기 때문에 그 사람이 가지고 있는 영적인 측면이나 은혜를 같이 나누어받게 되거든요. 그러므로 누군가를 존경할 수 있다는 것은 놀라운 특권이며 능력이에요.

존경할 부분이 별로 보이지 않는 사람이 있다면 우리는 그 사람을 사랑할 수 있어요. 사랑에는 조건이 없기 때문이죠.

그런데 존경하기도 어렵고 사랑하기도 쉽지 않은 사람들이 있을 수 있어요. 우리에게 심각한 해를 입히거나 괴롭히거나 다른 사람들에게 여러 면에서 고통을 주는 사람들이 있지요. 우리는 그들을 우리는 사랑하고 존경하기는 어렵더라도 불쌍히 여길 수는 있습니다.

이 세상에는 많은 잘못을 저지르는 사람들이 살고 있지만 주님은 그들에 대해서 증오하시지 않아요. 사랑하시며 아파하시며 불쌍히 여기시지요. 그러므로 사람을 불쌍히 여기는 것은 주님의 마음을 가지는 것이며 주님의 마음으로 사람을 보는 것이죠.

주님이 우리에게 오실 때 우리는 마음과 속성의 변화를 가지게 되는데, 그것은 우리 안에서 사랑이 증가되는 것입니다. 우리는 사람들을 사랑스럽게 보게 되지요. 사람들을 존경하게 되고, 사람들을 불쌍히 여기게 됩니다.

주님을 모를 때는 오직 자기만을 사랑하고 자기와 관계된 사람들만 사랑하며 자기에게 해를 끼치는 자들을 미워하고 경쟁자들을 시기하고 질투하는 경향이 있어요.

그러나 점차 자기를 잃어버리고 주님께 속하며 주님의 마음을 받게 될 때 자기의 이해를 넘어서 주님의 마음으로 사람들을 보게 되기 때문에 전과는 전혀 다른 관점의 마음과 감동을 느끼게 되는 것이죠.

사랑하는 것은 놀라운 행복이에요. 누군가를 그리워하고, 좋게 생각하고, 그를 기쁘게 해주려는 마음이 일어날 때 그것은 놀라운 기쁨과 감동을 가져다줍니다.

반대로 누군가를 미워하는 것은 엄청난 고통이에요. 누군가를 싫어하는 것은 몸과 마음을 파괴하지요. 질병을 가져다주고 삶을 황폐하게 만들어요. 오늘날 많은 사람들이 이러한 지옥을 짊어지면서 살고 있습니다.

나는 가까이 교제하는 사람들이 사랑을 고백하는 것을 많이 보고 들었습니다. 아내는 남편에게 무릎을 꿇고 그 동안 내가 너무 완악한 태도로 살았다고 울면서 고백하는 것을 많이 보았고 남편도 아내를 포옹하며 그동안 진정으로 깊이 사랑하지 못했다고 고백하면서 우는 모습을 많이 보았어요.

부모들이 아이를 껴안고 사랑한다고 말하면서 우는 모습을 많이 보았지요. 사랑의 고백 속에서 깨어진 관계들이 회복되고 기쁨이 가득해지는 것을 많이 보았어요. 그것은 곧 천국과도 같은 것입니다.

나는 대인관계를 몹시 힘들어하는 편이었어요. 어릴 때부터 외로웠고 사람을 잘 사귀지 못했고 항상 혼자였지요. 그 때는 다른 이들에게 아무 관심이 없었고 오직 나 자신에게만 몰두해 있었어요.

하지만 주님께 나아가면서 주님이 내 안에서 일하셔서 사랑과 그리움이 일어나기 시작했지요. 그래서 점차로 사람들을 좋아하게 되었습니다. 그래서 만남들이 행복해지기 시작했지요.

지금도 여전히.. 점점 더 행복한 삶을 누리게 되었는데 그것은 내가 아는 모든 사람들은 내가 그들을 좋아하는 것을 잘 알고 있기 때문입니다.

아이가 집에 들어오면 나는 바로 튀어나가서 아이를 안아주고 웃으면서 아이를 쳐다보지요.

아이는 말합니다.

"아이고.. 아빠 눈에 '애구 내 새끼.. 어쩌면 이렇게 이쁠까..' 하고 써 있네.. 그냥 내가 좋아죽겠지?"

나는 대답합니다.

"헉.. 그걸 어떻게 알았어?"

나는 아내에게 자주 말합니다.

"당신을 만나고 같이 사는 것이.. 얼마나 감사하고 좋은지 알아?"

아내는 미소를 짓습니다.

가끔 모임에 가면 나는 하나님이 여러분을 얼마나 사랑하시는지, 그리고 나도 여러분들을 사랑하고 보고 싶어 한다는 것을 이야기합니다. 사람들은 수없이 들은 이야기지만 그래도 또 울어요.

우리 모두는 사랑에 속한 존재이며 그러한 말을 들을 때 기쁘고 감격이 되도록, 그렇게 창조되었기 때문입니다. 그래서 우리는 사랑의 이야기를 들을 때 행복해지고 우리 안에 있는 어떤 부족한 부분들이 채워지고 회복되지요.

우리는 미워할 때 파괴되고 사랑할 때 행복해져요. 화를 낼 때 파괴되고 웃을 때 건강해지지요. 손으로 아이를 때리면 아이도 어른도 파괴되지만 따뜻하고 부드럽게 어루만지고 쓰다듬어 주면 아름답고 건강해져요. 우리는 그렇게 창조되었지요.

사랑을 받는 것은 행복의 근원이 아니에요. 사랑을 주는 것이 행복의 근원이죠.

세상의 모든 사람들은 누구나 다 자기를 사랑해줄 사람을 찾아다닙니다. 하지만 누구나 다 실망하게 되지요. 왜냐하면 우리의 기대를 채워줄 사람은 세상에 없기 때문이에요. 우리의 마음을 온전하게 알고 온전하게 채워줄 수 있는 분은 주님밖에 없어요. 그러므로 사람에게 사랑받기를 기대하는 사람들은 누구나 다 실망하고 분노하게 되는 거죠.

사람들은 결혼을 해서 대체로 실망하게 됩니다. 도대체 상대방의 태도나 하는 짓이 이해가 안 가요. 처음에는 많이 싸우지만 나중에는 '아이고, 내가 미쳤지..왜 저런 인간과 결혼을 해서..' 하거나 '남자들은 다 똑같아.' '여자들은 다 속물이야..' 이런 식으로 말하곤 합니다.

자녀를 키우면서 '저게 자식이야, 상전이야..' 하기도 하고 '내가 왜 저 웬수를 낳았지..' 하기도 합니다. 많은 기대했던 관계들도 나중에는 상처만 남는 경우가 많아요.. 그래서 삶이 피곤하고 지쳐 있고 즐겁지 않습니다.

그런데 그러한 시작이 어디에서부터인지 모르시겠어요? 그것은 사랑이 식은 데에서 부터입니다. 에베소교회만 첫 사랑이 식은 것이 아니라 오늘날 많은 영혼들의 사랑이 식어졌어요. 하나님의 법이 아닌 불법이 성하기 때문입니다. 그래서 모두가 다 사랑받기를 원하고 자기를 채워줄 사람을 원하면서 분노와 슬픔과 허무함만 가득하게 되었어요.

오늘날 아직도 많은 사람들이 사랑의 기대를 버리지 않고 있지요. 어딘가 진정으로 나를 이해해주고 사랑해줄 사람이 있다고 생각해요. 또한 그렇게 사랑을 받을 때 나는 행복해질 것이라고 생각하겠지요.

우리가 온전한, 진심어린 사랑을 받는다면.. 그것은 물론 좋은 일이겠지요. 하지만 그러한 사랑을 받는다고 쳐요. 그래도 그것은 진정한 행복이 아닙니다.

그것은 수동적인 삶이죠. 그렇죠? 우리가 행복해지고 불행해지는 것이 다른 사람들에게 달려 있는 겁니다. 남이 어떻게 하느냐에 따라 우리의 인생이 결정되고 우리 마음이 결정되는 거에요. 그건 너무 비참하죠? 우리는 로봇이 아니니까요.

우리는 우리의 삶을 우리가 선택해야 합니다. 다른 사람이 우리에게 잘 해주면 행복해지고 나쁘게 대하면 불행해지고.. 그런 식으로 수동적인 삶을 살아서는 안돼요.

우리는 수동적으로 사랑받기를 기대하기보다 우리가 적극적으로 사랑하는 사람이 되어야 합니다. 사랑을 고백하고 표현하는 사람이 되어야 해요. 그럴 때 우리는 실제적으로 천국을 확장시키며 기쁨과 행복을 공급하는 사람이 되는 것입니다.

오래 전에 아내와 결혼식을 했을 때, 정말 하고 싶었던 의식이 있었어요. 그것은 발을 씻기는 것이었지요. 첫날밤은 여러 믿음의 형제자매들과 같이 기도하면서 보내고, 둘째 날 밤에 드디어 우리끼리 있게 되었어요. 그래서 둘이서 같이 예배를 드리고 서로 큰 절을 했지요. 부족한 사람을 잘 부탁한다고.. 그리고나서 미리 제안한 대로 제가 먼저 발을 씻겼어요. 그리고 아내도 제 발을 씻겼지요.

그것은 서로 섬기고 서로의 부족한 부분을 도우면서 살겠다는 상징적인 의식이었지만 참 마음이 기쁘고 감격이 되었지요. 항상 상대방의 발을 씻기는 자세로 사는 것.. 그것은 참 좋은 것 같아요. 그 순간이 참 행복했습니다.

그런데 그 후에는 한 번도 하지를 못했습니다. 나는 지금도 언제나 하고 싶은데 아내가 허락을 하지 않더군요. 이유는 발이 간지러워서 싫다고 해요.

하지만 중요한 것은 발을 씻기는 그 자체보다 발을 씻기려고 하는 마음의 자세가 더 중요하고 행복한 것 같아요.

저는 오랫동안 몸이 약하고 잘 어지러워서 툭하면 길을 가다가 정신을 잃고 한참 누워 있곤 해서.. 집안일을 잘 돕지 못했지요. 그런데 최근에는 건강이 많이 좋아져서 아내와 같이 밀대걸레를 가지고 집을 청소하곤 하는데 이것이 얼마나 행복한지 모릅니다. 오랫동안 아내가 혼자 하던 것을 같이 하는 것.. 아내의 힘든 것을 돕는 것.. 그건 정말 즐거운 일이죠.

모임에 가끔 가서 하나님의 사랑에 대해서 이야기를 나누면 사람들은 다들 울고.. 힘을 얻고. 그리고 감사의 글이나 간증이나 표현들을 하죠. 그들도 물론 즐거울 거예요. 하지만 누구보다 행복한 것은 아마 나 자신이 아닐까 싶은 마음이 들어요. 사랑을 고백하고 표현하는 사람은 그것을 듣는 사람보다 더 행복하니까요.

하나님의 사랑에 대해서 듣는 이들도 기뻐하고 믿음이 자라고 힘을 얻겠지만 하나님의 사랑과 은혜를 전하는 통로가 되는 사람은 얼마나 더 마음이 행복하겠어요? 나는 그래서 한동안은 그 사랑의 임재 속에서 달콤함 가운데 취해서 움직이기도 어려워지게 되지요.

여러분들은 자라면서 사랑을 별로 받지 못하고 자랐을 수도 있어요. 애정 어린 관심이나 고백을 받지 못하고 지금껏 살아왔을 수도 있어요.

하지만 그것은 그리 중요하지 않아요. 자신이 안타까운 것만큼, 자신이 받지 못해서 슬픈 만큼 다른 이들에게 주면 되니까요. 그것은 사랑을 확산시키고 하나님의 왕국을 확장하는 것입니다. 또한 그 과정에서 자신이 치유되고 건강한 사람이 될 수 있어요.

무엇이든지 충분히 받은 사람은 그 받은 것의 가치를 잘 몰라요. 그러나 받지 못한 사람은, 너무나 너무나 너무나.. 받고 싶었지만.. 받지 못해서 굶주린 사람은 그 받지 못하는 사람의 마음을 알 수 있어요. 그래서 더 잘 사랑할 수 있는 것이죠.

내가 참 많이 들었던 말들이 있었지요.. 아이들은 참 귀찮은 존재들이라고.. 너희들 때문에 내가 정말 지겹다고.. 주로 그런 말들입니다. 나도 어린 시절에는 사랑한다는 말을 듣고 싶었어요..

그래서 나는 지금 아이들에게 너희들은 참으로 아름다운 아이들이라고, 사랑스러운 아이들이라고.. 말해주는 것을 좋아합니다. 그렇게 할 때 아이들도 기뻐하지만 내 속에 있는 아이도 좋아하는 것 같아요.

나는 바보 같다, 멍청하다.. 쓸데없는 놈이다.. 그런 이야기를 많이 들었지요. 나가 죽으라는 말도 기억나고.. 그래서 나는 어린 시절에는 이 땅에서 계속 살고 있는 것이 항상 미안한 마음이 있었지요.

그래서 지금 나는 사람들에게 어두운 영들이 심어주는 말들을 거절하라고 가르칩니다. 사람들, 위 권위들이 잘 모르고 심어 놓은 악한 말을 거절하라고 가르칩니다. 주님은 당신을 아름다운 존재라고, 강한 사람이라고 말씀하신다고.. 나는 그런 이야기를 하는 것을 좋아해요.

주님은 기드온같이 빌빌거리는 사람에게 '너는 큰 용사다' 라고 말씀하셨어요.

베드로 같이 변덕이 죽 끓고 감정의 기복이 심한 사람에게 '너는 반석이다' 라고 하셨어요.

사마리아 여인에게 '너, 정말.. 해도 해도 너무 한다. 지금 결혼이 몇 번째냐? 거기에다 또 동거야?' 하시지 않고

'네 속에 굶주림이 있구나.. 그래서 방황했구나.. 하지만 내가 주는 생수를 마시면 너는 변화될 거야..'

하셨어요. 주님은 죄를 용납하지 않으셨지만 죄인은 불쌍히 여기셨지요.

사람들에게 주님의 사랑과 위로를 전하는 것은 그들에게 기쁨이 되지만 내게도 큰 힘이 됩니다. 그들이 회복되면서 나도 속에서 회복되고 행복해지고 내 속에 남아있는 불완전하고 아픈 부분들이 사라지는 것을 느끼게 됩니다.

이 부분을 기억하세요. 당신의 안에 어떤 부자유한 부분이 있을 때 그것을 다른 사람의 관심과 애정으로 치유하려고 하지 말고 당신이 받고 싶은 것을 다른 이에게 주면서 치유하라고.. 당신이 사랑의 고백을 받고 싶다면 다른 이들에게 사랑한다고 고백하세요.

당신이 귀중히 여김을 받고 싶다면 당신이 그에게 "당신이 나에게 얼마나 귀중한 존재인지 알아요?" 하고 말하세요.

말하는 것이 익숙하지 않다면 편지를 써도 됩니다. 그저 가까이 가서 껴안아주어도 되지요.

하지만 말하는 것에 익숙해지는 것이 좋을 거예요. 그것이 가장 빨리 천국을 확산시키는 길이니까요.

"엄마.. 그 동안 미안해.. 내가 엄마에게 참 못된 딸이었지..?"

"아버지.. 죄송합니다.. 하지만 제가 아버지를 사랑한다는 것을 기억해주세요.."

"여보.. 당신에게 고생만 시켰어. 정말 미안해.. 하지만 나는 당신에게 항상 감사하고 하나님께서 당신을 만나게 해주신 것을 언제나 감사하고 있어.."

이렇게 말할 때.. 얼마나 행복이 가까이 오는지.. 하나님의 사랑이 가까이 오는지.. 누구나 그것을 경험하게 되어요.

돈이 충분히 있어야 자녀를 잘 키울 수 있다고 여기는 것은 이 시대에 흔히 퍼져 있는 사상이지만 그것은 진리가 아닙니다. 아이는 사랑으로 키우는 것이지 물질로 키우는 것이 아니에요. 애정과 포옹과 진지한 대화, 사랑의 나눔이 없이 돈만 주고 외적인 필요만 채워주어서 자라는 아이들이 얼마나 어긋나가고 비참해지는지.. 우리는 어디서나 볼 수 있어요.

돈이 없어도 아이를 안아줄 수 있고 사랑한다고 말할 수 있다면.. "너는 참 아름다운 아이야" 라고 말할 수 있다면.. 그는 자녀를 잘 키울 수 있습니다.

돈이 없어서 자녀에게 무엇을 해줄 수 없을 때, 아이를 안아주고 울면서 "미안하다.. 엄마가 너에게 이것을 해주고 싶은데.. 지금 가진 것이 없구나.. 하지만 엄마는 너를 정말 사랑한단다.." 이렇게 말한다면, 아이는 오히려 강건해집니다.

그는 자기가 빨리 자라서 엄마를 도와야지.. 하고 생각하게 됩니다. 빨리 철이 들고 지혜롭게 됩니다.

무관심하게 사랑의 표현을 받지 못하고 자라는 아이가 문제가 생기는 것이지 가난하게 자란 아이에게 문제가 생기는 것이 아닙니다. 부모가 자녀에게 돈만 주고 다 된 것으로 여긴다면, 그렇게 자라는 아이가 정말 불행한 것입니다.

기억하세요. 우리는 사랑을 위하여 창조되었습니다. 우리는 사랑해야 합니다. 우리는 사랑을 고백해야 합니다.

사랑받기를 기대할 때 우리는 슬퍼지지만 받고 싶은 것을 주기로 선택할 때 우리는 행복해집니다. 주님도 무엇이든지 대접을 받고 싶은 것을 대접하는 것이 율법이고 선지자라고.. 곧 성경의 중심적인 메시지라고 하셨어요.

우리는 사랑하지 않으면 복음을 전할 수 없어요. 전도를 하다가 오히려 싸움만 할 수도 있습니다. 사랑하지 않으면 상대방을 변화시킬 수 없어요. 내가 그 사람을 꼴 보기 싫어한다면 무슨 설교를 하고 진리를 전해도 아무 소용이 없어요.

하지만 진정으로 상대방을 좋아하고 사랑하고 불쌍히 여기게 되면 이상하게도 상대방이 내 말을 듣는 것을 느끼게 되요. 그래서 우리는 생명의 전달자가 되고 천국의 전달자가 될 수 있어요.

상대방을 돕고 변화시키는 것은 지식이나 웅변이나 테크닉이 아니고 사랑하는 마음, 불쌍히 여기는 마음이에요. 잔소리는 백만 번을 해도 싸움만 일어나지만 사랑의 고백은 언제나 기쁨과 회복을 가져다주어요.

사랑을 고백할 때 우리는 행복해집니다. 우리는 누구나 하나님의 통로가 될 수 있습니다. 사랑할수록 우리는 주님께 나아가게 되고 주님께 나아갈수록 우리는 사랑하게 됩니다.

그렇게 사랑하면서 우리는 행복을 일으키고 행복해지며 이 땅에 하나님의 영광과 임재가 가득한 천국의 공간들을 확장시킬 수 있습니다.

마음이 아파도 우리는 사랑해야 해요. 힘들어도 사랑해야 해요. 환경이 어려워도 어려울수록 사랑해야 합니다. 그래야 모든 것들이 회복되고 행복해져요.

부디 가까이 있는 사람들을 위로하고 돕고 사랑해주세요.

그들이 곁에 있어서 고맙다고, 당신이 가족이어서 감시히디고 전해주세요. 나를 위해서 수고하는 것을 항상 감사하고 있다고 고백해보세요. 전에 당신이 나에게 이것을 해준 것을 기억하고 있다고.. 그 때 정말 고마웠다고 고백해보세요.

서운한 것을 이야기하는 사람은 많지만 고마왔던 것을 이야기하는 사람은 드물어요. 그래서 행복한 이들을 보는 것이 쉽지 않은 거죠.

전에 잘못 말한 것이 있다면 미안하다고, 그것은 본심이 아니었다고 말해주세요. 그 말은 상대방이 가지고 있는 많은 고통을 순식간에 소멸시킬 수도 있어요.

부디 그러한 표현과 고백에 익숙해지세요.

부디 사랑을 훈련하세요.

믿음으로 용기를 내서 시도해보세요.

외롭고 슬프고 허무하고 거칠고 살벌함이 가득한 이 어두움의 세상에서 우리는 천국의 빛, 주님의 사랑과 치유의 통로가 되어야 해요.

가까이에 있는 사람들을 소중하게 여기고 사랑을 고백하면서부터.. 우리의 천국은 조금씩 확장되어 갈 것입니다. 그렇게 우리는 점점 더 천국을 경험하고 나누어줄 수 있을 것입니다. 할렐루야..

주님.. 너무나 감사합니다. 한심하고 부족하기 짝이 없는 저희를 용서해주시고 불쌍히 여기시고 사랑해주셔서 너무나 감사드립니다. 부디 저희가 사랑과 천국의 통로가 되게 하옵소서. 저희가 머무는 곳이 천국의 향취가 가득한 공간이 되게 하옵소서.. 감사드립니다. 주님.. 사랑합니다..

09. 11. 22

4. 영이 깨어날수록 천국을 누린다

그 동안 평안하셨나요? 저는 며칠간 아름다운 여정 가운데 있었습니다. 3일간 상주 역할을 하면서 큰 누님을 하늘나라로 배웅해주고 왔지요.

정기모(정원목사 중보기도모임)의 많은 분들이 오셔서 음식과 여러 가지 봉사에 힘써 주셨습니다. 감사를 드립니다.

여러분이 오셔서 같이 웃고 울며 섬김을 나누고 껴안고, 사랑을 고백하고, 소곤거리고 깔깔거리고.. 그러한 모든 흥겨움, 따사로움, 포근한 아름다움을 주고 가신 것에 대해서 감사합니다. 여러분들의 체취가 있는 곳에는 항상 천국의 향취와 기쁨이 있습니다.

우리 모임 사람들이 항상 그렇지만, 시간만 나면 제 근처에 모여 이야기를 듣는 것을 좋아하지요. 그래서 방문객들이 뜸한 시간에는 몇 십 명 정도가 같이 둘러앉아서 많은 이야기들을 나누었습니다.

옛 사람, 옛 심장의 죽음과 예수 심장으로 사는 것에 대해서, 영과 혼의 차이에 대해서, 불 체험과 빛의 경험, 애굽의 경험과 광야의 경험, 애굽에서의 주의 보혈과 광야의 말씀과 십자가, 혼의 활동과 열매와 생명, 영의 활동과 흐름, 생명, 열매, 특성, 깨어남.. 등에 대해서 많은 이야기를 하게 되었습니다. 어떻게 하다 보니 다섯 차례에 걸쳐서 열 몇 시간을 이야기한 것 같습니다. 오히려 수련회 때보다 더 메시지를 많이 전한 것 같아요.

수련회 때는 기도와 찬양에 많은 시간을 사용하느라고 메시지는 막상 많이 전하지 못하는데, 장례식장에서는 기도와 찬양을 충분히 드리기는 어려운 여건이라 거의 이야기만 했기 때문입니다.

듣는 이들의 영이 준비되어 있으면 메시지가 한 없이 쏟아지기 때문에 십 여 시간을 이야기하면서도 전혀 피곤함을 느끼지 못했습니다.

한 참 이야기를 하고 있다가 손님들이 오시면 가서 맞이하고, 다시 한가해지면 메시지를 계속하고, 다시 손님이 오시면 맞이하러 가고.. 이렇게 좀 우스운 형태의 모임이 계속되었지요.

메시지를 전하다가 클라이맥스 같은 상황이 되면 손님이 오곤 해서 조금 아쉽기는 했어요. 주님의 마음, 주님의 사랑 이야기를 하면서 눈물이 나오려고 하는데.. 갑자기 중단하고 다른 분위기로 가서 인사하고 이야기를 하고 해야 하니까.. 그 영의 흐름이 중단될 수밖에 없었죠.

한 쪽에서는 메시지를 듣고 울고 있고, 다른 쪽에서는 인사를 나누고.. 어떤 이들은 접대할 것을 준비하고.. 좀 묘한 풍경이었습니다.

영의 흐름, 그 움직임이란 아주 실제적인 것입니다. 개념이나 이론이 아닙니다. 육체가 실제적인 것처럼 영체도 실제적인 존재이죠. 감각이 있고 몸이 있고 고유의 속성과 인격이 있습니다.

그래서 영에 대한 이야기를 하면 우리의 안에 있는 잠자고 있는 영이 '내 이야기를 하는 구나..' 하고 솔깃해서 귀를 기울이죠.. 그러면서 영이 활성화되고 흐름이 일어나며 영의 열매가 나타나게 됩니다.

세상적인 즐거움이나 죄에 대해서 불쾌감이 생기고 싫어지고 주님께 대한 갈망, 무한한 애정, 내부에서 솟아오르는 사랑, 기쁨, 깊은 평화로움.. 등 많은 내적인 변화가 일어나게 되는데, 그것이 영의 활동입니다.

이러한 것들을 같이 나누면서 울고 웃으며 장례식장이 작은 천국이 된 느낌이었습니다.

이 때 전했던 내용들을 정리해서 나중에 책으로 만들면 어떨까.. 하는 생각도 드는 군요. 아무튼, 분명한 것은 장례식이든 어디든 어떠한 상황에서든지 주님이 임하시는 곳, 그리고 주님을 나눌 수 있는 곳은 천국이라는 것입니다.

아이고, 그런데 끝나고 나니 잠을 잘 못 자서 그런지.. 온 몸이 쑤시고 안 아픈 데가 없군요. 오늘은 하루 종일 집에서 뒹굴거리면서 놀아야겠어요. 몸은 힘들지만 속 심령은 꿀이 흐르는 것처럼 달콤하고 행복하군요. 주님을 붙들고 그 안에 거하는 삶은 환경과 상관없이 얼마나 기쁘고 행복한지 모릅니다.

사랑하는 여러분들.. 부디 주님을 간절히 사모하고 사랑함으로 의뢰하여 주님의 은혜와 임재가 충만하여 오늘도 깊으신 주의 은총 속에서 종일 행복하시기를 바랍니다.

우리 안에 거하시는 주의 영이 일어날 때, 그 영이 우리를 사로잡고 우리가 그 안에 함몰될 때, 그리하여 세상과 나는 간 곳 없고 구속한 주님만이 우리를 붙드실 때 그것은 곧 영광이며 환희이며 천국입니다. 부디 우리가 모두 그러한 영광의 세계에 들어갈 수 있기를..

주님.. 너무나 감사드립니다. 할렐루야.. 여러분들, 모두.. 많이.. 사랑합니다.

09. 12. 2

5. 우리 안에 임하는 크리스마스

여러분, 안녕하셨어요? 크리스마스를 행복하게 잘 보내셨겠지요? 어느 코너에서인가, 어떤 분의 글을 보니까 이렇게 행복한 크리스마스는 처음이라고 해요.

또, 가까운 분들.. 모임을 같이 하는 분들이 하나같이 올해처럼 행복한 크리스마스는 처음이었다고 이야기를 해요.

그것은 참 좋은 말이에요. 크리스마스의 진정한 의미를 깨달을 때, 그것은 정말 행복하고 멋진 최고의 크리스마스가 되는 거죠.

크리스마스.. 하면 뭐가 생각날까요? 사람들은 보통 트리.. 선물.. 카드.. 백화점 세일.. 루돌프.. 싼타.. 선물이 담긴 빨간 양말..등을 생각해요. 그것들은 즐거운 것이죠.

이번에 아내가 아들이 있는 강원도 전방 부대에 빨간 양말에다가 선물을 넣어서 몇 십 개를 보냈죠. 전 소대원에게 크리스마스를 느끼게 해주고 싶어서요.. 크리스마스 때 사랑하는 사람들에게 사랑의 마음이 담긴 선물을 주면서 애정을 표현하는 것은 분명히 아름다운 일입니다. 하지만 기억해야 할 게 있어요.

싼타는 선물을 주고.. 빨간 양말을 남기고 떠나지만 주님은 오셔서 선물을 주시고 그 다음에도 떠나지 않으시고 영원히 우리 안에 머무르신다는 거예요.
그것이 진정한 크리스마스죠.
주님께 선물을 구하는 신자들이 있고
주님 자신을 구하는 신자들이 있어요.
선물에 집중하는 신자들은 아직 주님을 잘 모르는 분들이고
주님 자신을 구하는 신자들은
그분의 보화됨을 잘 아는 이들이죠.
주님 자신이 이 우주 안에서
가장 놀라운 보화이고 생명이며
주님을 얻으면, 주님을 알면..
그것이 모든 것을 얻는 것이며
완전함에 이르는 길이라는 것을 아는 것이죠.
하지만 주님은 선물을 구하는 어린 신자나
주님 자신을 구하는 신자나
다 사랑하시고 또 사랑하십니다.
오직 그들의 수준에 맞추어서 선물을 주시죠.
주님은 주를 부르고 이용하고 떠나고, 급할 때만 찾는 이들을 미워하지 않으셔요. 여전히 사랑하시죠.
다만 그들을 볼 때 안타까워하시고 슬퍼하시죠.
그래서 주님은 선물을 구하는 신자에게 선물을 주시고
주님 자신을 원하는 이들에게는 주님 자신을 주세요.
크리스마스는 주님이 이 땅에 선물로 오신 거예요.

그러므로 진정한 선물은 주님 자신입니다.
크리스마스에서 우리는 무엇보다 선물이신 주님을
얻고 먹고 마시고 누려야 해요.
주님이 이 땅에 오신 것을
첫 번째 크리스마스라고 할 수 있어요.
많은 사람들이 이 크리스마스 밖에 모르죠.
하지만 더 중요한 두 번째 크리스마스는
내 안에 오시는 주님이에요.
세상에 오신 주님.. 그 다음에 내 안에,
나의 심령 깊은 곳에 오시는 주님..
이것이 진정한 크리스마스이고 생명적인 크리스마스에요.
싼타는 선물을 주고 떠나지만
주님은 우리 안에 오셔서 영원히 살기를 원하세요.
우리를 지배하시고 우리를 새롭게 하시며
아름답고 놀라운 생명에 속한 사람으로
만들어주시기 위해서
그분은 우리 안에 오셨죠.
헤어지기 싫어서, 조금도 멀리 있고 싶지 않아서
우리 안에 오셨어요.
주님은 말구유에 태어나셨죠.
구유는 먹이통이에요.
짐승의 먹이통에 주님은 오셨죠.

이것은 짐승같이 타락하고 죄 많은 우리들에게
양식이 되기 위해서 오신 것을 의미해요.
우리는 짐승과 같은 사람이었죠.
악하고 더럽고 못되고.. 육신의 정욕을 따라 행하며
진노와 재앙 가운데 있는 사람이었어요.
그런데 그분이 먹이로 오셔서
나를 먹고 마셔라.
나는 하늘의 양식이며
나의 피는 참된 음료로다.
나를 먹는 자는 다시 살 것이다.. 하고 말씀하셨어요.
사람이 떡으로 사는 것이 아니요
하나님의 입에서 나오는 말씀으로 산다고 하셨죠.
그 말씀이 바로 예수 그리스도.. 주님이에요..
성경의 모든 말씀은 바로 그리스도,
그분 자신을 가르치고 설명하는 거예요.
그래서 주님은 우리가 그분을 먹을 수 있도록
짐승의 먹이통에 오셨어요.
그 양식을 먹을 때
우리가 가지고 있는 짐승의 기운은 사라지고
세상 욕망, 육신의 정욕이 죽고
높은 마음, 자기 자랑, 시기와 질투와 욕심과
음란과 혈기와 악성이 죽고

거룩하고 아름답고 사랑스럽고 평화로움이 가득한
천계에 속한 사람, 천계의 열매를 맺게 되어요.
오직 그 음식을 먹을 때
예수를 먹고 예수를 호흡할 때
그 변화의 역사가 우리 안에
실제적으로 일어나게 되는 것이죠..

음식은 그것을 먹은 존재의 성격에 영향을 주어요.
독특한 음식을 좋아하는 사람은 성격이 독특하고
육식인과 채식인의 성품이 다르죠.
그처럼 주님을 먹을 때
우리가 먹은 주님은 우리에게 변화를 일으키게 되어요.
그래서 우리는 날마다 주님을 부르고
주의 호흡을 마셔야 하는 것이죠.
타락 이전에 인간의 양식은 생명나무였지만,
아담은 그것을 거절하고 선악과를 먹었죠.
타락 후에 우리는 생명나무를 취할 수 없어요.
거기에는 피가 없기에 이미 온전하지 않아요.
우리를 온전하게 할 수가 없어요.
죄를 속할 수가 없어요.
그래서 인간은 타락 후에 고기를 먹게 되었죠.
타락 후에 죄가 들어와서 혈기가 올라와서 화를 내고

그래서 살생의 충동이 자연스러운 것이 되었죠.
죄로 인하여 죽음이 시작되었고
애꿎은 죽음이 존재하게 되었어요.
그것은 대속이 필요하다는 의미를 보여주어요.
그런데 십자가 사건으로
대속하는 피가 담긴 음식을 먹게 되었죠.
그것은 어린양이라는 음식이에요.
우리가 예수를 먹을 때
거기에는 생명나무와 어린양이 같이 있어요.
그래서 영적으로 건강할 때는 주님과 교제하며
생명나무를 취하고
죄를 지었을 때는 어린 양의 보혈을 취해야 해요.
예수는 우리의 음식이에요.
그는 짐승의 위장에 들어가기 위해서 오셨어요.
그를 먹고 마실 때 우리의 배에서
생수의 강이 흐르게 되어요.
크리스마스 때 오신 주님..
그분은 영원히 우리를 떠나지 않으시고
우리의 양식이 되세요.
누구나 배고플 때, 외로울 때, 두려울 때,
슬플 때, 낙심이 될 때..
그분을 먹고 마실 수 있어요.

이미 그분이 우리 안에 있어요.

주님은 매년 크리스마스 때마다 오시는 분이 아니고

매년 부활절 마다 부활하시는 분이 아니고

이미 우리 안에 부활하여 살아 계세요.

그러므로 나를 인식하고 나에게 몰두하지 말고

세상의 형편과 상황에 집중하지 말고

오직 내 안에 계신 주님을 인식하고 시인하고

그분이 내 안에서 운행하시고 감동하시며

말씀하시고 역사하시는 것을

인식하고 믿고 시인하는 이들은

날마다, 날마다..

그분이 이루시는 놀라운 역사들을 경험하게 되어요.

날마다 기적을 체험하고 날마다 천국에서 살게 되는 것이죠.

참 재미있죠? 그래서 크리스마스가

너무나 즐겁고 행복하고 아름다운 거예요.

그분이 우리 안에 오시기 위하여 이 땅에 오신 것을

기억하고 즐기는 날이니까요.

오늘도 그분과 함께

그분을 높이고 사랑하고 의지하면서

그분의 감동을 따라 즐겁고 재미있게 사세요.

여러분들 모두에게..

이번 크리스마스가 최고의 시간이 되었으면 좋겠어요.

감사합니다. 사랑합니다. 메리 크리스마스..
이미 지났지만.. 크리스마스는 영원한 거니까요..
오늘도 주님으로 가득한 하루가 되시기를 바랍니다.
사랑합니다.. 할렐루야..

09. 12. 26

6. 인생의 성공이란
　　사랑하는 능력의 증가에 있다

여러분들 잘 지내셨지요? 어느덧 한해의 마지막이 가까워졌군요. 올해에도 주님과 함께, 사랑하는 이들과 함께 행복한 크리스마스, 행복한 연말을 보내시기를 바랍니다.

저는 젊은이들을 참 좋아합니다. 젊은 청년, 형제자매들을 참 좋아하지요. 젊은이들의 얼굴을 보고 있으면 마음이 참 기쁩니다. 그래서 오랜 만에 가까이 교제하고 있는 젊은이들을 만나면 즐겁게 포옹을 나누기도 하고 머리를 어루만져 주기도 하고, 거리낌 없이 어울리면서 장난을 치기도 하고 같이 포장마차에 가서 국수를 먹기도 합니다.

같이 어울릴 때는 항상 흥겨운 웃음소리가 끊이지 않게 되는데, 그것은 정말 즐겁고 행복한 시간이어서 천국의 정원에서 노닐고 있는 것 같은 착각이 들기도 해요.

우리들이 이야기를 하거나 같이 장난을 치고 놀 때는 어디에 가든지 항상 주위 사람들의 시선을 끌게 됩니다. 이상하게 부러워하는 것 같아요. 누구나 행복하고 즐거운 분위기를 좋아하기 때문에 그런 것 같습니다.

한번은 모임의 젊은이들이 초등학교에서 놀고 있었는데 근처에서 놀고 있던 꼬마들이 주위에 몰려들어 한참 부러운 듯이 쳐다보더니 부탁을 하는 것이었습니다. "우리도 같이 놀면 안돼요?"

가까운 가게에서 젊은 친구들과 같이 한참 웃고 떠들고 있으면 슈퍼 아주머니는 우리가 웃고 노는 모습을 한참이나 웃으면서 지켜보곤 했습니다. 보기만 해도 재미가 있는 모양입니다. 나중에는 우리들이 가까이 가기만 하면 이야기하고 놀라고 의자와 상을 펴주곤 했습니다.

한번은 밤이 깊은 시간이었어요. 몇몇 젊은이들과 같이 길가의 벤치에 앉아서 한참을 웃으면서 이야기를 하고 있었는데, 조용한 밤이라 조금 소란스럽게 들렸던 모양입니다. 우리는 몰랐는데 벤치 바로 앞집의 주인이 시끄럽다고, 조용히 하라고 말을 하려고 나와서 담 위에서 우리들을 지켜보고 있었습니다.

우리는 한 참 후에야 그 사람을 발견했는데 그를 보고 놀라자, 그는 웃으면서 이렇게 말하는 것이었습니다.

"아, 저는 이 집에 살고 있는 주인입니다. 소리가 조금 시끄럽기에 조용히 하라고 이야기를 하려고 마당에 나왔지요. 그런데.. 여러분들의 이야기 하는 모습을 보고 있자니 너무 분위기가 좋고, 참 부럽습니다. 서로 굉장히 친하신 분들인가 봐요? 요즘 이런 분위기가 별로 없는데.. 아무튼 걱정하지 마시고 이야기를 많이 하다가 가세요. 괜찮습니다.."

우리는 시끄럽게 한 것에 대하여 미안해서 사과를 했지만 그는 아니라고, 걱정하지 말라고 이야기를 계속 나누시라고 웃으면서 대답을 하더니 안으로 들어갔지요. 행복하고 즐거운 분위기.. 대화 속에 따사로운 애정이 흐르는 분위기는 사람들의 마음에 이상한 충격을 주는 모양입니다. 이런 비슷한 일을 많이 겪는 편이지요.

아무튼 저는 젊은이들과 같이 즐겁게 지내는 것을 좋아합니다. 젊은 시절에는 의식과 관념이 경직되어 있지 않아서 많은 가능성이 있고 영적 성장에 유리한 면이 있기 때문입니다.

나이가 들수록 영적으로 발전하는 것, 사고나 가치관을 바꾸는 것이 어렵습니다. 이미 형성된 사고의 틀이나 삶의 방식, 잘못 맺은 관계를 바꾸는 것은 쉽지 않아요. 하려고 해도 잘 안 되어서, 젊은이들에 비해서 더 많이 노력을 해야 합니다.

그러나 아직 의식이 굳어지지 않은 젊은 시절에는 그것이 비교적 쉽습니다. 아직 결혼을 하지 않은 젊은이들은 주님이 주인이 되시는 행복한 천국가정을 세울 가능성이 좀 더 많아요. 그래서 젊은이들은 좀 더 많은 가능성을 가지고 있는 것입니다. 그래서 나는 젊은이들을 좋아하고, 젊은이들이 연애하는 것을 보는 것을 즐거워합니다.

영적으로 빨리 성장하는 것을 촉진하는 것이 두 가지가 있는데, 하나는 같이 동거하는 것입니다. 물론 동성 간의 동거를 말하는 거죠. 결혼하지 않은 이성간의 동거는 그건 미친 거구요.

친구와 어떤 이유로든 같이 지내게 되면 즐거운 면도 있지만 각자의 고유한 성질, 이기심, 성격과 기질 차이, 오해, 속 좁음, 서로에 대한 이해와 포용의 부족 등 갖은 이유로 많은 분쟁이 일어나게 되는데, 그 과정에서 영적으로 많이 깨어지고 성장하게 됩니다.

10년은 걸려서 깨질 것들이 1-2년 안에 깨지게 되지요. 그래서 같이 동거하면서 삶을 같이 하는 것은 잘 버틸 수만 있다면, 고통도 많지만 성장에는 도움이 되는 거죠.

연애도 그렇습니다. 많은 즐거움, 설렘, 기대, 부딪침, 기쁨, 좌절, 후회, 실망, 분노.. 등 온갖 감정을 경험하게 되죠. 자신이 어떤 존재인지 많이 배우고 경험하게 됩니다.

자기 안의 이기심 발견, 상대를 조종하거나 이용하려는 속성, 자존심 다루기, 자기 합리화, 비판과 용서하지 않음, 의견 차이에 대한 처리법, 관용과 선택의 문제, 우선순위, 표현의 방식.. 등 종합 훈련 선물세트를 경험하게 됩니다.

이 모든 것들은 역시 성장에 도움이 많이 되죠. 이 훈련을 통해서 많이 배우게 되면 행복한 연애와 결혼이 되는 것이고 배워야 할 것을 배우고 통과하지 못하면 여전히 많은 분쟁과 분노와 무덤덤함 속에서 재미없이 살게 됩니다.

아무튼 저는 젊은이들의 연애를 참 좋아하는 편이라 젊은 시절부터 여기 저기 사람들을 소개해주곤 했습니다. 어떤 자매는 "저도 전도사님의 수첩 명단 속에 넣어주세요" 하고 부탁하기도

했었죠. 제가 사람을 연결해주는 것을 좋아한다는 것을 알았으니까요. 그런데 아쉽게도 저에게 중매의 은사는 없는 것 같습니다. 그렇게 해서 성공한 케이스가 별로 없었으니까요. 양쪽이 잘 맞는 것 같아서 연결을 해주었는데, 서로 간에 자기가 아깝다고 여기곤 하더군요. 참 쉽지 않았습니다.

어떤 경우에는 몇 번의 만남 후에 서로 호감을 가졌고, 형제 쪽에서 이제 결정을 해야겠다고 이야기를 들었어요. 그래서 '아, 국수를 먹을 수 있겠구나..' 하고 좋아했지요. 그런데 나중에 형제가 이야기하기를 부모님의 반대로 포기해야겠디는 거예요.

그 이유가 희한했습니다. 자매가 다 좋은데 특정지역 출신이라고 부모님이 반대하셨다고 해요. 처음에는 농담하는 줄 알았습니다. 그런 게 있다는 것을 그 때 처음 알았거든요. 설사 세상에는 그런 게 있다고 해도 믿는 자들이 그런 의식을 가지고 있다는 사실에 더 놀랐지요. 아무튼 형제 측을 대신해서 자매에게 사과를 해야 했습니다.

그렇다고 항상 실패만 있었던 것은 아닙니다. 성공한 경우도 많지는 않지만 더러 있었습니다. 어떤 경우에는 한 자매가 영적으로 헤매고 있으니 좀 도와주라고 형제를 연결시켜주었는데, 도와주지는 않고 둘이서 몇 달 만에 결혼을 해버리더군요. 소개를 해준 사람들은 관계가 별로 진전이 안 되고, 별로 신경을 안 쓴 이들은 결혼까지 가버리고.. 이런 것을 보더라도 저는 중매에는 은사가 없는 것이 확실한 모양입니다. 하지만 그러면서도 제가 가지고 있는 증상은 잘 안 없어지네요.. 어떤 형제를 보면, '누구와 어울릴 텐데..' 이런 식의 생각을 자꾸 하게 되어요.. 늙어갈수록 그런 증상이 심해지는 것 같아요. 행복한 가정, 그리고 곧 이어서 나타날 아주 예쁜 아가들.. 그런 게 자꾸 마음속에서 떠오르니까요.

얼마 전에 이런 일이 있었어요. 어떤 자매에게 어려움이 있어서 기도 사역을 해주었는데, 그 과정에서 자매가 어떤 영적 현상을 경험하고 부분적으로 천국을 경험하게 되었어요. 이 자매는 여러 해 동안 모임에서 영적인 분위기에 익숙해있었고, 또 그 때는 여름수련회가 끝난 직후여서 천국의 임재가 가까운 상태인지라 주님의 은총을 경험하게 되었죠.

자매는 자기가 경험했던 여러 가지 이야기를 하였고 그것은 매우 흥미로운 것이었지요. 어느 자매의 돌아가신 아버지를 천국에서 뵙고 그 이야기를 나누었을 때 그것은 다른 사람들, 특히 그 딸들에게 큰 기쁨과 위로가 되었어요.

그런데 그러한 이야기들 중에 자매가 부끄러워서 간증을 하지 못한 것이 있었어요.

나중에 그것을 알게 되었는데, 그것은 자매가 천국의 어떤 공간에서 아이들을 많이 보게 되었는데, 주님께 물어보니 그 아이들은 우리 모임에 올 아이들인데 천국에서 대기하고 있는 아가들이라고 해요.

그 이야기를 듣고 저는 아주 흥분했죠. 아가들을 보면 너무 기쁘고 행복하니까요. 이 자매는 그 약속을 꼭 붙들었고, 얼마 후에 자신이 잉태한 것을 알게 되었어요. 오랫동안 기다리던 아가가 생긴 거죠. 천국에서 온 아가가요. 우리들은 몹시 기뻐하면서 또 다른 아가들이 올 것을 기다리고 있답니다.

연애는 결혼으로 나아가는 길이니까 아름다운 것이고 결혼은 두 사람이 주님을 주인으로 모시고 주님을 알아가는 각종 훈련을 받는 것이니까 아름다운 것이고 또 천국에서 온 사랑스러운 아가를 낳을 수 있으니 정말 아름답고 놀라운 것이지요. 연애도, 결혼도 참 멋지고 사랑스러운 거예요.

연애란 참 아름다운 것입니다. 사랑의 감정은 아름답고 훌륭한 것이죠. 누군가를 그리워하고 보고 싶어 하고, 하루에도 수없이 생각하고, 문자를 보내고 상대의 답으로 인하여 기뻐하고.. 그것은 아름다운 일이에요. 서로 다투었을 때 화도 나고 보고 싶기도 하지만 자존심 때문에 억지로 참고 연락 안하면서 버티고, 핸드폰의 문자를 수없이 확인하고 체크하고.. 그러한 순간들은 미숙하지만 아름다운 과정들입니다.

젊은이들의 연애감정은 미숙하지만 그러한 경험들을 통해서 자신을 알아가고 상대를 알아가게 되어요.

남자와 여자는 기본적으로 서로 전혀 다르고, 서로 대화가 통하지 않는 상대입니다. 시각과 관점과 사고와 의식구조와 모든 것이 다르죠. 그래서 각자가 생각할 때는 어처구니없고 말이 안

되는 상황을 서로 많이 경험하게 됩니다. 서로 간에 도무지 이해되지 않는 부분이 너무 많으니까요.

영이 어느 정도 자라기 전까지 기본적으로 사람은 다른 사람에 대해서 잘 모릅니다. 자기의 마음은 알지만, 다른 사람의 마음을 모르지요. 다른 사람들도 자신이 생각하는 방식으로 자기같이 생각하는 줄 알죠. 자기가 좋아하는 것을 좋아하고 자기가 싫어하는 것을 싫어하며 자기의 논리대로 상대가 생각하리라고 생각하죠. 인간 자체를 잘 모르는 겁니다.

자기에게 고통이 되는 것이 상대에게 전혀 아무렇지 않고 자기에게 아무 것도 아닌 것이 상대에게 극도의 유혹이 되거나 심각한 좌절이 된다는 것을 잘 몰라요.

의견 대립이 있거나 싸움을 할 때는 그래서 자기의 주장이 얼마나 합당한지를 논리적으로 조목조목 설명하려고 해요. 영리한 사람일수록 이런 경향이 많죠.

물론 이들은 자기의 논리가 아주 정확하고 옳기 때문에 얼마나 자기가 옳은지, 상대방이 잘못 되었는지 자기의 이야기를 들으면 할 말이 없을 거라고 생각하죠.

하지만 그 옳은 말들이 상대방의 입장에서는 전혀 옳지 않으며 오히려 분노하게 만든다는 사실을 전혀 몰라요. 대부분의 사람들은 자기 입장이라는 감옥에 갇혀 있거든요. 그래서 상대방은 다른 세상, 다른 우주에 살고 있다는 사실을 전혀 모르죠.

모르면서도 상대방에 대해서 공부하려고 하지 않아요. 사람

공부가 학벌 자체보다 훨씬 더 중요한 것인데도요.

그런 식의 분쟁을 겪은 이들이 흔히 내리는 결론은 상대방과는 도저히 말이 안통하고 자기는 너무나 기가 막히게 억울하며 저 사람은 아주 나쁜 사람이라는 것이죠. 아무튼 이러한 부분들은 눈이 열려야 하는 문제에요. 자기 입장, 자기 감옥에서 나와야 볼 수 있는 것이죠.

아무튼 그런 식으로 젊은이들은 연애를 통해서 사귐을 통해서 실망과 상처와 실패와 고통들을 많이 경험하게 됩니다. 그렇게 해서 비로소 새로운 세계에 대해서 열려가게 되는 것이죠.

인생의 모든 고통은 다 앎을 위한 것이에요. 주님을 찌르고 상대방을 찌르면서 전혀 모르는 신자들이 세상에는 아주 많거든요. 실패와 고통을 통해서 비로소 내적인 감각이 열리기 시작하고 주님을 알아가고 사람을 알아가게 되는 거죠.

잘 배우고 성장하는 사람도 있고 어려움을 겪는 사람도 있지요. 아무튼 그러한 경험들은 인생을 알아가고 영이 자라가는 데 있어서 귀중한 토양이 되는 것입니다.

어떤 순진한 신자들은 하나님의 인도하심을 받고 연애나 결혼을 하면 싸움이나 갈등이 없는 줄로 아는 이들도 있어요. 그런 이들은 자신을 신으로 생각하는 모양이죠. 신이라면 모든 것을 다 알고 완벽하니 배울 것도 없을 거고 그러니 싸울 일도 없겠지요. 하지만 신이 아닌 존재들은 다 갈등과 분쟁이 있어요. 그래야 배우고 반성하고 성장해가게 되죠.

영이 어느 정도 열리면 영은 서로가 다 통하는 것이기 때문에 상대방의 마음과 영을 느끼게 되고 조화되게 되어요. 그래서 누군가를 미워한다거나 불편한 관계가 된다거나 하는 일은 거의 드물죠. 그러나 육이라는 것은 각자가 고유한 개체로 나뉘어져서 철저하게 자기중심적인 상태에 있기 때문에 다른 이들의 마음과 생각을 알 수도 없고 조화될 수도 없습니다. 그래서 서로 싸우는 거지요.

그렇기 때문에 육이 죽고 자아가 죽는 것이 그리스도인이 누리는 최고의 영광스러운 경험이며 상태가 되는 것입니다.

하지만 영이 열린다는 것은 진리에 대한 충분한 인식이 없는 한 십자가를 지고 육이 죽을 정도로 고통스러워야 가능한 것이기 때문에 실패와 절망의 경험이 충분하지 않은 젊은 시절에는 열리기가 어려운 것이죠. 그래서 고생이 많이 필요한 것입니다.

젊은 시절에는 주님의 주되심이 삶의 모든 부분에 충분히 이루어지지 않은 시기이기 때문에 연애에 있어서도 많은 실수를 저지르게 됩니다. 자신의 감정과 애정을 주님께 올려드리지 못해서 우선순위가 자주 잘못되어서 주님께 혼이 나곤 하지요. 저의 경우도 많이 그러했지요. 아내가 주님보다 먼저가 되기도 했어요. 그러면 여지없이 주님께 매를 맞곤 했습니다.

아이를 낳은 후에는 아이가 주님보다 먼저가 되기도 했지요. 눈에 주님이 왔다 갔다 하는 것이 아니고 하루 종일 눈앞에 아가가 왔다 갔다 하는 겁니다. 주님으로 인하여 가슴이 설레는 것이 아니고 아가 때문에 가슴이 설레는 거예요. 그게 바로 우상이죠. 그래서 또 여지없이 주님께 박살이 나는 겁니다.

아무튼 터지는 과정이 아프고 괴롭기는 하지만 그러한 과정들을 통해서 자기감정과 애정과 의지를 십자가에 못 박는 것을 배우게 됩니다.

점차로 자신의 사랑에서, 남편의 사랑이나 아빠의 사랑에서 자기를 비우고 주님이 자기를 통해서 사랑하시도록 하는 것들을 배우게 되지요. 아무튼 잘못하더라도 그러한 과정들을 통해서 실수하고 넘어지고 많이 배우면서 자라가는 것이죠. 아무튼 그러니까 안하는 것보다는 하면서 터지고 성장해가는 것이 나은 거예요.

이런, 자꾸 길어지는데.. 나중에 연애에 대한 책을 한권 써야 겠어요. 연애란 참 재미있는 것이고 인생은 평생 연애의 과정이니까요. 지금도 저는 아내나 아이들과 계속 연애를 해가고 있는 중이죠. 연애가 많을수록 배우는 것은 많아져요. 다른 이들에게 관심이 없다면, 별로 자라지 못해요. 성장이 아주 어렵죠.

지금은 군대에 가 있는 아들과 대화를 할 때는 농담 삼아서 작업의 기술에 대한 이야기도 많이 해요.

'아들아.. 너는 여자를 즐겁게 할 줄 알아야 한다.. 여자를 아주 잘 위하는 남자가 되어야 한다.. 항상 유머를 개발하고 발전시켜서 여자를 즐겁게 해주어라..

여자의 용모에 대해서 항상 칭찬을 해주어야 하며 용모를 가지고 여자를 비하하는 남자는 아주 나쁜 사람이다..

여자에게 못생겼다고 말하는 남자는 정말 못된 것이다. 여자를 인격적으로 존중하고 친절하게 대해주어야 하며 여자를 무시하고 함부로 대하는 사람은 이 땅에서 행복한 삶을 기대하지 않는 것이 좋다.. 자신이 나이가 많다거나 지위가 높다고 나이가 어린 여성에게 함부로 대하거나 무례하게 대하는 것은 아주 악한 것이다.

힘든 일은 무조건 네가 다 해야 하고 철저하게 섬기려는 자세를 가져야 하고, 여자가 무슨 잘못을 해도 다 받아주어야 한다.. 남자는 넓은 아량이 최대의 매력이라는 것을 잊어서는 안 된다.. 네가 잘못한 것을 깨달았을 때는 지체 없이 사과해야 하고 여자의 잘못은 그냥 넘어가 주어라..

세상에서 가장 한심한 남자는 속이 좁고 잘 삐치는 사람이다.. 그래서는 결코 여자의 존경을 받을 수 없다.. 여자는 감동을 주어야 하지 논리적으로 납득을 시키고 설명해야 하는 대상이 아니다..

가장 좋은 여자는 주님을 진정으로 갈망하고 사랑하는 겸손한 여자라는 것을 잊어서는 안 된다.. 여자는 남자가 어떻게 하느냐에 따라 천사가 되기도 하고 악녀가 되기도 한다. 행복해지기도 하고 비참해지기도 한다. 자기 애인이나 아내를 귀부인이나 행복한 사람으로 만들 수도 있고 정말 불행한 여자로 만들 수도 있는데 그것은 남자에게 달린 것이다. 그것은 돈이나 외적인 능력에 의한 것이 아니고 상대를 존중하는 자세에 달린 것이다.

여자의 행복은 남자에게 달려 있지만 남자의 생명은 여자에게 달려 있다. 그것은 영적 원리다. 하나님은 남자의 생명을 여자에게 맡기셨다. 그래서 여자가 남자에게 분노를 품으면 남자의 생명은 길지 않다. 남자가 분노한다고 해도 여자의 생명에는 관계가 없지만 여자가 분노하면 남자의 생명에 지장이 많다. 병에 걸리기도 쉽고 사고 나기도 쉽다. 그래서 빨리 죽는다.

한국 남자의 사망률이 세계적으로 높은 것은 한국의 남자들이 성질도 급하고 스트레스도 많이 받고 과중한 일에 시달리는 측면이 있겠지만 여자들을 함부로 대해서 속으로 분을 품게 하는 요인이 좀 더 근원적인 것이다. 그러므로 행복하게 오래 살고 싶으면 결코 여자를 무시해서는 안 되고 중심으로 사랑하며 아껴주어야 한다..'

나는 아들에게 그런 종류의 이야기를 자주 하는 편이지요.

딸에게는 다른 면에서, 여성의 입장은 어떠해야 하는가, 어떤 여자가 좋은 여자이고 어떤 남자가 좋은 남자인가, 여성은 어떤 자세와 태도를 가져야 하는가.. 등에 대해서 이야기를 하곤 합니다.

딸도 사람을 보는 법을 배우기 위해서 나에게 사람에 대해서, 성격이나 태도 등에 대해서 이것저것 많이 물어보는 편이지요. 아무튼 연애라는 것은 참 재미있는 것이며 많은 공부가 필요한 것입니다.

연애에 대해서, 제가 이 시대의 젊은이들에게 대해서 참 안타까워하는 것이 있는데 그것은 연애하는 능력이 현저히 떨어지고 있다는 것이에요. 사랑하는 힘, 상대방을 좋아하는 능력을 점점 더 상실해가고 있다는 것이죠.

인터넷 포털 사이트에 올라오는 글들을 보면 남자는 여자를, 여자는 남자를 비난하는 이야기들이 참 많아요. 남자들은 여자들을 된장녀라고 비난하고 여자들은 남자들을 마초라고 비난해요.

그러한 이들은 일부에 불과하겠지만, 아무튼 참 안타까워요. 상대방에 대해서 좋게 봐주고, 아름답게 생각해야 연애도 되고 사랑도 될 텐데, 자꾸 나쁜 시각으로 보아요. 그것은 아주 슬픈 일이죠. 상대방에 대해서 비난하거나 나쁜 생각을 가지고 있다면 연애가 되겠어요?

젊은 여성들은 사랑스럽고 아름다운 존재에요. 젊은 남자들도 멋지고 열정이 가득하죠. 물론 젊기 때문에 여러 약점도 있고 다듬어지지 않은 부분들이 있고 실수도 많겠지만 그거야 어디까지나 젊음의 특권이죠. 살다보면 다 성장해가고 좋아질 수 있어요.

저도 젊은 시절에 참 어리숙하고 경솔하고 사랑도 없고 지혜도 없고 참 한심스러운 사람이었어요. 그래도 성장을 위해서 기도하고 힘쓰니까 주님이 조금씩 나은 사람이 될 수 있도록 긍휼을 베푸셨죠. 자기가 부족한 사람이라는 것을 알고 발전하기 위해서 사모한다면 누구나 발전해갈 수 있어요.

그러니 어떤 사람이 가지고 있는 지금 현재의 모습은, 젊은 시절의 모습은 영원한 것이 아니에요. 좀 못할 수도 있고 실수할 수도 있고 지혜가 부족하고 어리석을 수도 있고 사랑이 부족할 수도 있어요. 다만 자기 부족함을 알고 겸손하게 사모하기만 하면 되요.

인터넷에 올라온 글들을 읽다보면 이런 식의 글이 있어요. 자기가 선을 보았는데, 상대방 여자가 이러 이러하게 개념이 없는 된장녀.. 이런 바보 같은 글을 올리고 많은 남자들이 댓글로 가세해서 같이 욕을 하죠. 그러면 여성으로 보이는 많은 분들이 댓글들로 서로 욕하면서 싸워요. 참 어처구니없는 일이에요.

연애를 하다가 실패할 수 있어요. 사람을 사귀다가 딱지를 맞을 수도 있죠. 초장부터 거절을 당할 수도 있고, 자기와 맞지 않는다고 느끼는 사람을 접할 수도 있어요.

하지만 그렇다고 해서 상대방을 비난해서는 안돼요. 모든 종류의 비난은 악한 것입니다. 비난은 어둠에 속한 것이에요.

비난은 우리가 싫어하는 존재보다 더 우리를 악하게 만듭니다. 우리는 우리가 싫어하고 비난하는 사람을 닮게 되며 그보다 더 악한 사람으로 발전해가게 되어요. 악은 결코 악을 없애지 못합니다.

악이 선을 만들지 못하는 것처럼 비난이 자신이나 남을 아름답게 변화시킬 수 없어요. 비난은 오직 파괴와 재앙을 가져올 뿐입니다. 영계의 법칙을 아는 이들이라면 자신이 지금 심은 모든 말과 생각과 행동과 글이 언젠가는 자기를 찾아온다는 것을 알고 있을 거예요.

실패를 했거나 좋지 않은 경험이 있다면 그것을 반성의 기회로 삼아야 해요. 헤어지면서 "당신은 좋은 사람인데, 내가 부족했어. 그 동안 내가 잘못한 것을 다 용서해주기 바래. 좋은 추억만 간직했으면 좋겠어. 미안해. 잘 되기를 바래.." 하고 헤어져야 해요.

실패의 원인을 자기에게서 찾는 사람은 미래에 희망이 있지만 떠나간 사람 탓을 하고 있는 사람은 미래가 없어요. 그들은 더 심한 미래를 경험하게 되어요. 깨닫지 못하는 사람에게는 더 심한 훈련이 있을 뿐이죠.

연애란 능력이에요. 사람을 좋아하는 것은 능력이에요. 사실 어쩌면 그것은 사람이 가질 수 있는 가장 위대한 능력일수도 있어요. 누구든지 좋게 생각하고 좋게 보아주는 것 말이죠.

진정한 무능이란 사람을 사랑하는 힘을 잃어버린 것이죠. 사람을 좋아하는 능력, 좋아하는 시각을 잃어버린 거예요. 모든 사람에게서 나쁜 점을 보아요. 모든 사람에게서 사악한 면을 보아요. 모든 사람이 마음에 들지 않아요. 세상은 썩었고, 모든 사람들이 다 문제가 있고 나쁘다고 생각해요. 그런 시각, 그런 인생은 정말 비참한 거죠.

많은 이들이 자신의 시각, 자신의 눈에 문제가 있다고 생각하지 않고 세상에 문제가 있다고 여겨요. 그건 정말 곤란하죠. 그것은 정말 고독하고 외로운 삶이에요. 슬픈 인생이죠.

사람에 대해서 마음을 닫으면 혼자서 걷고 혼자서 움직이며 외출을 삼가고 집에서 TV와 컴퓨터 게임에 몰두하면서 허무하게 시간들을 보내게 되겠죠. 사람들과 부딪치고 배우면서 아름다운 영혼으로 성장해가야 하는 인생의 중대한 과제를 잃어버리고 말이에요.

연애할 때, 사랑에 빠질 때 사람은 가장 아름답게 되고 생기와 활력이 넘치게 되어요. 사랑에 대해서 기대가 있는 젊은이들, 젊은 시절은 그래서 참 아름다워요. 사랑하기 좋은 인생의 계절이니까요.

하지만 노인이 되어간다고 해서 사랑의 기회가 없는 것은 아니에요. 오히려 사랑에 대해서, 사람에 대해서 원숙한 시각을 가지게 될 수도 있어요. 그렇다면 그 인생은, 그 노인은 성공한 인생을 산거죠.

성공이란 돈이나 지위나 명예가 아니라 사랑하는 능력을 발전시킨 거예요. 나이가 들수록 더 사랑할 줄 알고 더 세상을 아름답게 볼 줄 알고 사람을 좋게 여기면서 사랑의 시선을 발전시킨 사람.. 그것은 성공한 인생이에요. 하지만 현실을 보면 나이가 든 사람들이 아름답지 않은 눈과 아름답지 않은 소리를 가지고 있는 경우가 많아요. [노파심]이라는 단어가 있죠. 노파의 마음.. 쓸데없이 걱정하고 잔소리가 많다는 거예요.

왜 잔소리를 할까요? 왜 걱정을 할까요? 자신의 인생에서 믿음을 발전시키지 못해서 모든 것이 두렵기 때문이에요. 안 좋은 일이 일어나지 않을까 걱정이 생기기 때문이에요. 믿음이 부족하면 항상 걱정 근심이 많아요. 하나님을 신뢰하지 못하는 거죠. 그래서 안 좋은 일이 있지 않도록 조심하라고 자녀들에게, 젊은 이들에게 가르치죠.

하지만 그들은 그러한 노파심, 두려움에서 기인한 충고가 오히려 두려움의 에너지, 재앙의 에너지를 가져와서 해가 될 수 있다는 사실을 모르죠. 부모들의 많은 걱정과 애정이 자녀들에게 오히려 해가 될 수 있다는 사실을 모르는 거예요. 믿음과 희망을 주는 권면과 두려움에 기인한 조언은 다른 거예요.

많은 노인들이 사랑에 대해서, 사람에 대해서 실망과 상처의 경험이 있어요. 그래서 젊은이들에게 자신의 부정적인 관점과 시각을 집어넣어 주려고 해요. '남자들은 다 이기적이고 못됐단다', '신혼 때가 즐거운 거란다. 조금 지나면 지옥이야', '사람을 믿지 말아라..' '결혼.. 그냥 어쩔 수 없으니까 사는 거지..'

이런 말들은 그러한 말을 듣는 이들의 의식 속에 들어가 지옥과 어둠을 경험할 수 있도록 준비시키게 되어요. 믿음에 근거하지 않은 조언은 듣는 이에게 아무런 도움이 되지 않으며 오히려 그들을 파괴하는 데에 도움이 되죠.

인생이란 사랑을 배우는 과정이에요. 우리는 삶에서 우리가 도저히 사랑할 수 없는 사람을 만나게 되죠. 우리의 기질과 부딪치는 사람을 만나게 되어요. 꼼꼼한 사람은 덜렁이와 만나게 되고 정확한 사람은 항상 약속을 안 지키는 사람을 만나게 되어요. 절약하는 사람은 낭비하는 사람을 만나게 되겠죠.

그것은 우리 자신의 모습을 깨닫기 위해서 주어지는 거예요. 우리는 우리의 성향과 다르게 살아가는 사람들을 보고 화를 내거나 정죄하거나 우리가 기대하는 사람으로 만들려고 노력하는 과정에서 엄청난 고통을 겪게 되어요. 결국 우리는 포기하고 절망하며 자신이 얼마나 좁고 사랑이 없는지 발견하게 되죠. 물론 전혀 발견하지 못하고 상대방 탓만 하다가 끝나는 사람들도 많지요.

너러 이상형을 만날 수도 있어요. 그러한 경우에는 이상하게 실망하게 되거나 버림을 받기도 해요. 애정을 기울인 사람에게 속임을 당하기도 하고, 믿었던 친구에게 이용을 당하고 배신을 당하기도 하고 도저히 용서할 수 없는 일을 당하기도 해요. 너무나 이해할 수 없는 행동을 하는 사람을 겪기도 해요.

우리는 그러한 경험을 하면서 사람을 사랑하는 것은 너무 어렵고, 아무도 믿을 수 없다는 생각을 하곤 하죠.

중요한 것들은 그러한 경험들을 통해서 주님이 우리에게 가르치시는 것이 있다는 거예요. 그런데 그것을 배우지 못하고 사람 탓을 하고 세상 탓을 하고 마음을 닫는다면 그것은 배우지 못한 거예요.

그것은 그러한 여러 경험들을 겪기는 했으되 통과하지 못한 것을 보여주는 거예요. 인생에서 배워야 할 것들을 배우지 못한 거죠. 우리는 우리의 한계에 부딪칠 때마다 주님께 나아가야 해요. 그리고 그 의미를 물어야 해요. 주님은 말씀하시죠.

"이제 네가 사랑할 수 없는 것을 알았니? 지금부터 내가 역사하겠다.."

"그 사람이 너를 배신했다고? 네가 나에게 한 것을 생각해보겠니?"

우리가 주님께 나아간다면 우리는 배우게 되어요. 그리고 주님의 역사를 경험하게 되죠. 그래서 그 모든 과정들이 나의 영혼을 확장시키는 경험이고 나의 사랑을 확장시키는 경험인 것을 알게 되어요. 그래서 인생에 대해서, 사람에 대해서 배우고 알게 되죠. 그리고 사랑하는 능력, 사람을 아는 통찰력도 증가해가는 거예요.

우리가 충분히 배우고 알았다면 우리의 사랑은 증가하게 되어요. 젊은 시절에는 육을 따라, 기질을 따라 자기 이상형이 있었지만, 왜곡과 착각이 가득한 시각으로 사람을 보고 사랑했지만 이제는 점점 더 주님의 눈으로 사람을 보고 점점 더 긍휼과 사랑의 시선으로 보는 것을 배우게 되어요.

그래서 점점 더 사람에 대해서, 아름답고 열린 시선을 가지게 되는 거죠. 나이가 들수록 '인생은 아름다운 거야.. 사람이란.. 아름다운 거야.. 사랑할 수 있는 것은 행복한 거야.' 그렇게 가르치게 되죠. 그렇게 사랑에 있어서 발전해가는 것은 행복한 인생이며 성공한 인생인 거예요.

주님은 우리에게 원수를 사랑하라고 하셨어요. 그것은 아직 많은 이들에게 대부분 어려운, 아직 이루지 못한 명령일 거예요. 우리를 찌르고 괴롭히고 뒤에서 욕하고 우리를 치기 위해서 열심히 연구하고 노력하는 이들을 사랑하는 수준에 도달하는 것은 아직 먼 일일지도 몰라요.

하지만 그것은 우리 인생의 중요한 목표가 되어야 해요. 왜냐하면 그것은 바로 천국의 향취와 영광이 가득한 세계와 접하게 되는 수준이니까요. 사랑의 수준만큼, 원수를 사랑하는 수준만큼 우리는 주님과 연합할 수 있기 때문입니다.

우리는 지금 이렇게 말할지도 몰라요. '가까이 있는 가족들도 제대로 사랑하지 못하는데 무슨 원수씩이나 사랑하나..'

맞아요. 그런 수준의 사랑을 한다는 것은 분명히 불가능에 가까울 정도로 어려운 일이에요. 하지만 그것은 우리의 목표가 되어야 해요.

아직 우리의 사랑은 가족들, 혈연적인 수준에 있을 거예요. 하지만 주님과 함께 걸으며 인도를 받으며 조금씩 나아가다 보면 우리의 사랑은 언젠가는 그러한 수준에 도달하게 될지도 모릅니다.

주님은 우리의 미숙함을 아시고 우리가 충분히 사랑할 수 있는 수준의 사람을 보내십니다. 엄마가 아기를 낳을 때 아가가 처음부터 덩치가 아주 큰, 털이 북실거리는 청년의 모습으로 나타나서 굵은 목소리로 '어머니! 반가와요!' 하면 젊은 엄마는 징그러워서 기절할 거예요.

그러나 주님은 우리가 사랑에 익숙해질 수 있도록 아주 조그맣고, 예쁘고 사랑스러운 아가를 주셨어요.

그래서 우리는 '아! 세상에.. 어쩌면 이렇게 조그맣고, 이렇게 예쁠 수가 있지? 세상에 이 조그만 콧구멍을 봐! 저걸로 어떻게 숨을 쉬지? 아, 요것이 하품을 했어.. 세상에..!' 하고 소리치죠.

이기심으로 가득한 우리도.. 이 사랑의 선물로 인하여 사랑에 눈을 뜨고 사랑과 희생을 배워나가기 시작하는 거예요. 그래서 아가가 커질수록 우리의 사랑도 커지지요.

저의 아들은 지금 군대에 가 있지요. 아내와 제 마음은 어떨까요? 모든 군인이 다 아들로 보인답니다. 군인들만 보면 기분이 좋아지고 안쓰럽게 보이고 사랑스럽게 보여요. 아들이 커지면서 부모인 우리의 사랑도 확장이 된 것이죠.

사랑은 그런 식으로 확장이 되는 것입니다. 아가가 처음으로 유치원에 가게 되면 아가의 엄마, 아빠는 유치원 아이들 모두가 다 내 아이 같고 사랑스럽게 보이죠. 유치원 선생님도 예쁘고, 원장님도 사랑스럽게 보여요. 아이가 초등학교에 가면 초등학생 아이들이 다 사랑스럽게 보이죠. 선생님, 교장선생님도, 학교도 예뻐요.

아이가 중학교에 가면? 고등학교에 가면? 대학에 가면? 중학생들이나 고등학생들, 대학생들이 다 내 아이 같죠. 사랑스럽게 보여요. 아이가 결혼을 하고 아기를 임신하게 되면? 모든 임산부들이 다 측은하게 보이죠.

아이가 엄마가 되면? 그래서 자식을 키우느라고 고생을 하면? 역시 모든 엄마들에 대해서 불쌍하고 감사하고 존경스럽고 사랑하는 마음이 생겨요.

자식이, 또는 사랑하는 이가 지방에 있다면? 대구에 산다면? 대구라는 동네가 사랑스럽게 느껴지죠. 사랑하는 이가 미국에 가면? 미국 전체에 친근감이 생기고 사랑스럽게 느껴져요. 자녀나 사랑하는 이가 중국에 있다면? 브라질에 있다면? 역시 그 나라에 대해서 사랑스럽게 느껴질 거예요.

그런 식으로 사랑은 영역이 넓어지는 것입니다. 예루살렘에서 땅 끝까지, 가까운 데서 먼 곳으로 복음을 전해야 하는 것처럼 사랑도 가까운 데서 시작해서 점점 영역이 확장되죠. 그러니 그 시작은 가까운 곳이에요. 가까운 이들을 사랑하는 데서부터 천국이 시작되는 것을 알 수 있어요.

가장 가까이 있는 사람, 하나님이 나에게 맡겨주신 사람을 사랑하지 못하면 영역의 확장이고 뭐고 없지요. 아이가 귀찮다면 아이가 유치원에 가든 말든 신경을 쓰겠어요?

아이를 진정으로 사랑하지 않는다면 아이가 자랄수록 영역이 늘어가는 것이 오히려 고통이 되겠죠. 가까운 사람을 사랑하지 않는 사람, 가까운 이들을 미워하고 싫어하는 사람이라면 반대로 좋지 않은 영역이 확장될 거예요.

가까운 데서부터 싸우고 미워하기 시작해서 점점 더 많은 영역을 싫어하고 판단하죠. 자기가 싫어하는 대상이, 영역이 점점 더 늘어나요. 점점 더 상처를 받는 대상이 늘어나고 자기가 싫어하는 행동이 늘어나요. 그래서 점점 더 사소한 일에 분노하게 되죠.

이건 점점 더 지옥에 가까워지는 삶이에요. 그래서 아무하고도 잘 지내지 못하고 아무런 행동에 대한 욕구도 없이 움직이지도 않고 혼자서 TV나 게임이나 공상으로 자신을 죽여가지요..

자신의 마음에 사랑이 없고 지옥이 가득한데 자신의 마음은 바꾸지 않고 자신은 그대로 둔 채 영화 같은, 드라마 같은 사랑이 자기에게 펼쳐지기를 꿈꿔요. 그건 결코 이루어질 수 없는 꿈이죠.

사랑하지 않는 삶은 비참한 삶이에요. 남에게 관심을 가지지 않고 자기에만 몰두해 있는 것은 감옥에 갇혀 있는 삶이에요. 사랑하지 않는 삶은 곧 자신을 감옥에 가두는 삶이고 영적인 자살 행위와 같은 거예요.

인생은 영혼이 발전하는 과정이에요. 영혼의 발전이란 곧 주님을 아는 것이고 주님의 마음을 아는 것이고 주님의 시각을 가지는 거예요. 그리하여 주님의 통로가 되는 것이죠.

그것은 곧 사랑의 통로가 되는 것이고 사랑에 속한 사람이 되는 거예요. 천국이란 사랑으로 가득한 곳이며 천국 백성으로 나아간다는 것은 사랑에 있어서 더욱 더 발전되어가는 거예요. 결국 인생은 사랑을 배우는 과정이고 사랑이 발전해가는 과정이에요.

우리는 사랑의 능력에 있어서 발전해가야 해요. 사람을 아름답게 볼 수 있는 능력이 발전되어 가야해요. 아담이 선악과를 먹었을 때 그들은 자신의 벗은 몸을 보게 되었죠. 자신의 부끄러움과 추함을 보게 되었어요. 마귀는 볼 필요가 없는 선악과를 주목하게 했어요. 그래서 하와는 그것을 보고 타락하게 되었죠.

죄라는 것은 악한 것, 추한 것, 좋지 않은 것을 주목하는 거예요. 마귀는 우리가 좋지 않은 것을 주목하게 만들어요.

오늘날 사람들의 영혼이 발전하지 못하고 있기 때문에 사랑의 시선이 점점 더 없어져가고 있어요. 그래서 사람들의 단점, 악한 점만을 보고 있어요. 사람을 보아도 좀처럼 좋게 보지 않아요.

'저 사람은 이게 틀렸고, 저게 잘못되었고, 저런 사람은 정말 싫어.. 가까이 가기도 싫어..' 하고 흔히 말하죠. 하지만 그것이 바로 지옥에서 사는 것임을 알아야 해요. 그러한 시각은 자기의 영혼에 지옥의 기운을 끌어들이게 되어요.

우리가 천국의 사람이 되고 천국의 시선을 가지게 될 때 우리는 사람들을 아름답게 보게 되어요. 그 사람의 안에 있는 하나님의 형상을 보게 되어요. '저 사람은 아름다운 사람이야.. 가능성이 있어..' 그렇게 보게 되어요. 불쌍하게 보게 되어요. 그러면 어떻게 될까요?

우선 그렇게 보는 자기 자신이 행복해져요. 그리고 그 다음에는 상대방이 변화되는 것을 보게 되어요. 그 사람 속에 있었던 아름다운 형상이 바깥에 나타나는 것을 보게 되어요.

우리가 누군가를 아름답게 보기 시작하면 그 사람은 아름다워지기 시작해요. 다른 이들을 아름답게 보는 사람들이 증가되면 이 세상은 정말 많은 아름다운 사람들로 가득하게 될 거에요.

얼마 전 큰 누나의 장례식을 치르면서 기도모임의 많은 이들이 와서 도와주었는데, 그들을 보고 작은 누나가 그렇게 말하는 거예요. "사람들이 왜 이렇게 다들 예뻐? 얼굴 표정들이 왜 저렇게 밝고 환해? 그 모임은 잘 생긴 사람들만 뽑는 거야?"

나는 웃으면서 대답했지요. "얼굴이 예쁜 것이 아니고 표정이 예쁜 거지.. 행복하니까.. 그리고 처음에는 다들 저런 모습들이 아니었어.."

이들의 처음 모습들이 생각났지요. 생기 없고, 풀이 죽어 있고, 어둡고, 슬프고, 딱딱하게 굳어있고, 자책과 자학, 자살 충동, 각종 묶임에 눌려 있었던 이들.. 폐인같이 살던 이들.. 자기는 가치 없는 존재이며 삶은 고통이라고 여겼던 이들..

그러나 이들은 주님의 사랑의 시선, 아름다운 시선을 알게 되었고, 주님의 용서와 사랑을 배우면서 얼굴 색깔이 달라지기 시작했지요. 기쁨의 세계를 경험하기 시작했죠. 삶이 행복이고 천국인 것을 배우고 누리게 되었던 거죠.

사랑은 모든 것을 변하게 해요. 사랑하는 사람은 아름답고 사랑하는 시선은 아름다운 것이죠. 우리가 사랑에 있어서 발전해 갈 때 우리는 놀라운 창조를 시작하게 되어요. 우리는 주변의 많은 사람들이 아름답게 되는 것을 볼 수 있게 됩니다.

주변의 사람들이 친절하게 되고 배려하게 되고 아름답게 웃는 것을 보게 되지요. 사랑의 시선을 가질 때, 사람을 아름답게 보아줄 때 사람은 그렇게 변화됩니다.

우리의 인생은 사랑의 성장을 위하여 있는 것입니다. 사람을 점점 더 부정적으로 보고 있다면 우리는 발전한 것이 아니에요. 사람들이 점점 더 사랑스럽게 보인다면 우리는 발전하고 있는 것입니다.

부디 이 사랑의 시선에서 발전해 가세요. 모든 악인들을 불쌍히 여기시고 사랑하시는 주님의 시선을 배우세요.

무엇보다 당신이 아무런 가치가 없고 아무런 잘하는 것이 없어도 당신을 끝없이, 끝없이, 제한 없이 사랑하시는 주님의 사랑을 받아들이고 신뢰하세요.

그분만이 당신을 사랑의 사람으로 만들어 가실 수 있어요.

너희가 만일 너희를 사랑하는 자만을 사랑하면 거기에 무슨 칭찬이 있겠느냐고 주님은 말씀하셨어요. 자기에게 속한, 자기 편만을 사랑하는 사랑은 가장 낮은 수준의 사랑이죠.

우리의 수준은 아직 그 정도에 머물러 있는지도 몰라요. 그러나 우리가 주님을 따르다보면 언젠가는 우리를 모함하고 괴롭히며 파멸시키려 하는 원수들에게도 진정한 사랑과 긍휼을 느끼는 때가 올 것입니다. 그것이 바로 천국의 영광에 아주 근접한 상태인 것이죠. 그것은 팔복의 마지막 단계에서 오는 것이에요.

사랑에 있어서 발전해가세요. 사랑하는 능력, 사람을 아름답게, 긍휼의 시선으로 보는 능력은 가장 위대한 능력이며 그것은 많은 역사를 일으키고 우리의 삶을 천국으로 만들며 이 땅에 천국의 영광을 확장시킬 것입니다.

부디 앞으로 나아가세요. 당신 영혼의 성장과 천국의 확장을 위하여 계속 나아가세요. 우리가 사모하고 사모하는 한 주님은 우리를 이끄실 것이며 더 깊고 아름다운 생명의 사람, 사랑의 사람으로 우리를 변화시켜주실 것입니다. 할렐루야.

09. 12. 29

7. 승리의 비결은 내면의 그리스도이다

아름답고 놀라운 한해가 시작되었습니다. 올해는 우리 모두에게 넘치는 주의 긍휼과 자비가 임하실 것으로 믿습니다.

우리가 주님과 함께 걷는다면, 우리가 언제 어디서 어떤 일을 겪어도, 기쁠 때나 슬플 때나 즐거울 때나 괴로울 때나 건강할 때나 아플 때나 주의 임재 아래서 말하고 움직이고 행하는 것을 유지할 수 있다면 우리는 이 한해를 측량할 수 없는 천국의 복락 속에서 살아가게 될 것입니다.

무엇보다 중요한 것은 주님이 우리를 사랑하시며 우리를 지키시며 인도하신다는 사실에 대한 믿음입니다. 그것을 믿고 시인하고 감사하고 계속 고백해야 합니다. 내 세포 안에, 관절과 골수 안에 깊이 스며들 때까지.. 계속 고백해야 합니다. 그 믿음과 그 의식이 우리 안에 가득할 때 우리는 해방과 승리와 변화를 경험하게 됩니다.

"야곱아 너를 창조하신 여호와께서 지금 말씀하시느니라 이스라엘아 너를 지으신 이가 말씀하시느니라

너는 두려워하지 말라 내가 너를 구속하였고 내가 너를 지명하여 불렀나니 너는 내 것이라

네가 물 가운데로 지날 때에 내가 너와 함께 할 것이라 강을 건널 때에 물이 너를 침몰하지 못할 것이며

네가 불 가운데로 지날 때에 타지도 아니할 것이요 불꽃이 너를 사르지도 못하리니

대저 나는 여호와 네 하나님이요 이스라엘의 거룩한 이요 네 구원자임이라" (사43:1-3)

이 말씀을 계속 고백하고 시인하고 감사하십시오. 기억하기 쉽게 짧게 요약해서 마음속으로 되뇌십시오. 그 말씀이 속에 가라앉게 하십시오.

"주님이 나를 내 것이라고 하신다.. 그분의 소유라고 하신다.. 주님이 나를 지키신다고 하신다.. 내가 물 가운데 있어도.. 빠지지 않도록 지키신다고 하신다.. 홍해와 요단강을 건네게 하신 것처럼.. 나를 건네주신다고 하신다.. 불꽃이 나를 사르지 못하게 지키신다고 하신다.. 사람들이 나에게 분노의 불을 퍼부어도.. 나는 안전하다.. 주님이 나를 보호하신다.."

이렇게.. 말씀을 머리로 읽고 이해하는 것으로 그치지 말고 그 말씀이 내부에 가라앉게 하십시오. 오늘날 많은 신자들이 말씀을 머리에만 두고 심령에 먹이지 않기 때문에 심령의 상태가 황폐하고 비참합니다. 말씀은 심령에, 내부에 스며들어가야 합

니다. 그래야 영혼이 살 수 있습니다.

우리는 우리의 의식을 항상 내부에 두어야 합니다. 우리의 내부에 주님이 거하십니다. 그러므로 우리는 내부에 눈을 돌리기만 하면 그의 임재를 누릴 수 있습니다.

시선을 바깥에 두지 마십시오. 환경이나 세상의 소식에 예민하지 마십시오. 그러한 것들은 실체가 아니며 그림자에 불과합니다. 그러한 것에 노심초사 하는 것은 이방인들이 하는 일입니다.

바깥에 대한 예민함, 걱정 근심은 내부에 거하시는 주의 임새를 소멸시키고 약하게 합니다. 그것은 주의 사랑과 보호하심과 인도하심과 그의 계획을 신뢰하지 않는 것이기 때문입니다. 그러므로 우리 안에서 주의 영이 아파하시며 우리의 영이 눌리고 약해지게 됩니다. 우리의 의식이 외부를 향할 때 우리의 내부는 병들어가게 됩니다.

탕자는 바깥의 즐거움을 따라 내부의 집을 나갔습니다. 그의 눈은 내부를 보지 않았고 바깥을 향하고 있었습니다. 롯이 소돔을 보고 여호와의 동산과 같았다고 여긴 것처럼, 그래서 조금씩 장막을 옮겨서 소돔에 가까이 갔던 것처럼.. 탕자에게는 바깥의 삶이 화려하고 멋지게 보였습니다. 영으로 보지 않고 겉사람의 눈으로 보면 세상이 화려하고 멋지게 보입니다.

아담도 하와도, 그 멋진 세계에 매혹되었습니다. 삼손도 멋지고 아름다운 것에 눈을 빼앗겼습니다. 다윗도 한 때 눈으로 아름다움을 좇다가 비싼 대가를 치렀습니다. 오직 주님만이 마귀가 보여주는 찬란한 아름다움, 바깥의 영광을 거절하셨습니다.

탕자는 바깥을 좇아서 나갔습니다. 그의 내부는 황폐해졌습니다. 아버지와의 교제는 끝났고 그는 바깥의 행복에 몰두했습니다. 그리고 그는 실패의 경험을 통해서 바깥 세상에는 진정한 만족이 없음을 알게 되었습니다. 쾌락은 잠간이고 후회는 길었습니다.

세상이 주는 육신적인 기쁨은 불안과 쫓기는 마음과 허무감이 동반되었고 영혼이 주는 깊고 아름다운 평화와 순결한 기쁨과는 비교할 수 없는 것이었습니다.

많은 대가를 치른 후에 그는 내부의 세계로 돌아왔습니다. 그리고 아무 공로 없이 그저 단순하게 내부에 계신 그리스도를 바라보고 의지할 때, 그리스도의 다 이루셨음을, 승리하셨음을 신뢰할 때.. 그 보화를 찾을 때에 영광스러운 잔치가 시작된다는 것을 알게 되었습니다. 그가 진정 얻기 원했던 것들을, 온갖 애를 써도 얻을 수 없는 것들을.. 이제 아주 단순하게 얻을 수 있다는 것을 알게 되었습니다.

그것은 밭에 감추인 보화입니다. 그러므로 세상은 그 가치를 알지 못합니다. 내면의 길은 좁은 길이며 감추어진 것이기 때문에 세상은 그것을 볼 수 없습니다.

세상 사람들은 겉으로 보기에 초라해 보이는 사람들의 심령 속에 보화가 숨겨져 있다는 것을, 그 내부에서 놀라운 환희의 폭

죽이 터진다는 것을 알 수 없었습니다. 그러나 그것을 본 사람은 전 재산을 팔아서 그 밭을 사게 됩니다.

그 영광의 임재는 우리의 전 인생, 전 영혼을 온통 송두리째 사로잡는 것이기 때문입니다. 그 분의 사랑과 임재 아래서 삶도 죽음도 세상의 그 어떤 것도 아무 것도 아닌 것으로 여겨지게 됩니다.

오늘날 많은 신자들이 바깥의 세계에서 노력하고 애를 씁니다. 새벽에 일어나고 늦게 누우며 수고의 떡을 먹고 고생합니다. 하지만 사랑의 열매를 맺지 못하고 자꾸 분노가 일어나며 평화를 알지 못하며 마음이 급하고 쫓기며 깊은 절망감에서, 무력감에서 벗어나지 못하고 있습니다.

열쇠가 내부에 계신 그리스도, 내면을 향하는 것임을 보지 못하기 때문에 오늘도 많은 사람들은 바깥에서 울고 고통하며 씨름할 것입니다. '나는 왜 많은 은사를 받고 기도도 많이 하고 능력을 경험했는데도 사람들이 꼴 보기 싫고 분노가 일어나며 육의 충동이 일어나며 자주 속이 상하는가? 하고 의아해 할 것입니다.

비밀은 내면에 거하시는 그리스도 안에서 안식하는 것에 있습니다. 단순히 아버지 품안에 돌아와 그 발 앞에 엎드리는 것에 있습니다.

열매는 속에서 나오는 것이지 바깥에서 만들 수 있는 것이 아닙니다. 여인의 배속에서 아가가 나오듯이 생수의 강, 생명의 열매는 내부에서 흘러나오는 것입니다. 그러므로 그 의식이 내부를 향하지 않고 바깥의 성취를 위하여 움직이고 뛰는 이들은 진정한 열매를 얻기 어렵습니다.

탕자의 이야기는 우리의 영혼이 움직이고 깨어나는 이야기입니다. 아니 성경의 모든 이야기가 우리 영혼의 방황과 움직임과 깨어남의 과정이며 천국의 빛을 보고 주의 실제를 알아가는 영혼의 여정 이야기입니다.

주님은 우리의 내부에 거하십니다. 주님은 우리 안에서 우리의 영과 연합되셨습니다. 십자가에서 그것을 이루셨습니다. 그러므로 누구든지 주와 합하는 자는 한 영입니다. 비밀은 이것이니 우리 안에 거하시는 그리스도입니다. 그것이 곧 영광의 소망입니다.

이 한 해를 내부에 거하시는 그 분 안에서, 그의 거룩하신 임재 안에서 말하고 생각하고 움직이며, 그 기름을 소멸하지 않도록 조심하며 걸어가십시오. 그렇게 할 때 이 한해는 우리의 삶에서 가장 아름답고 놀랍고 영광스러운 순간들이 될 것입니다. 할렐루야..

10. 1. 1

8. 주님은 우리 안에서 역사하신다

"나는 할 수 없어요. 주님이 해주세요.."
"나는 사랑할 수 없어요. 주님이 사랑해주세요."
이러한 고백들을 우리는 쉽게 접할 수 있습니다. 우리가 말이나 글에서 자주 하는 표현들이죠.

이러한 고백들은 진리의 일면을 가지고 있어요. 우리가 스스로의 힘으로 사랑할 수 없고 용서할 수 없고 승리할 수 없다는 것, 그러므로 오직 주님의 은혜를 바라보고 의지해야 한다는 것, 그것은 분명히 옳은 것이고 진리적인 요소를 담고 있는 거예요.

하지만 이러한 고백들은 약점도 또한 가지고 있습니다. 자칫하면 우리가 마땅히 해야 할 것들을 주님께 넘기고 책임을 미루어버리는 면도 있을 수 있는 거예요.

예를 들면 자신이 믿음으로 용서를 시인하고 믿음으로 선언해야 할 것을 "저는 못해요. 어떻게 제 힘으로 용서가 되겠어요. 주님이 해 주시겠죠." 하는 경우도 있거든요. 이러한 것은 말씀의 진리를 제대로 적용한 것이 아니겠지요.

생각해보세요. 주님께서 요단강을 건너라고 하는데 우리가 "오, 주님.. 저는 할 수 없어요. 주님이 요단강을 대신 건너가주세요." 라고 한다든지, 여리고성을 돌라고 하시는데 "오, 주님..

저는 돌 수 없어요. 저는 빈혈이 좀 있어서 현기증이 나거든요. 주님께서 대신 돌아주시면 안될까요?" 한다면,

여리고성을 향해서 외치라고 하시는데 "오, 주님. 저는 할 수 없어요. 의사선생님이 저의 성대에 문제가 생겼다고 성대 결절이 오지 않도록 절대 안정을 취하라고 하셨거든요. 주님이 대신 외쳐주세요." 한다면 어떻게 될까요? 분명히 우리가 주님을 믿으므로 우리가 행하고 시인하고 움직여야 할 것이 있는 것입니다.

이스라엘 백성은 애굽에서 노예 생활을 하다가 광야를 거쳐서 약속의 땅 가나안으로 나아갔지요. 이것은 이스라엘의 역사이기도 하면서 동시에 그리스도인의 영적 발전 단계를 상징적으로 보여주기도 해요.

애굽 상태.. 이것은 영적 발전 단계에 있어서 초보적인, 육신적인 수준의 상태입니다. 육신, 겉사람의 마음과 의식으로 보이는 것을 따라 사는 때지요. 광야 상태.. 이것은 육신이 죽는 과정이 이루어지고 있는 시점의 상태입니다.

가나안 상태.. 이것은 어느 정도 육신, 겉사람의 죽음과 처리가 이루어져서 영, 속사람으로 살며 보이는 것을 따라 살지 않고 약속의 말씀으로 살며 천국의 실제를 누리고 죄에서의 해방과 승리의 삶을 맛보는 상태를 의미하는 것이죠.

애굽으로 표현되는 육신적인 상태에서는 보이는 것과 느껴지는 것, 감각적인 가치관과 세계관을 가지고 삽니다. 이 수준에서

혼히 이루어지는 고백은 "나는 할 수 있다, 하면 된다" 이런 것입니다. 적극적인 사고, 긍정적인 사고.. 등으로 표현되기도 하지요. 아직 겉사람의 죽음과 죄성, 한계를 모르기 때문에 마냥 낙관적인 의식 수준에 머물러 있는 상태입니다.

애굽의 왕자로 있던 모세의 의식이 이런 상태를 보여주는 예표적인 모습이라고 할 수 있습니다. 모세는 애굽의 왕자로 있으면서 애굽의 모든 학술을 배웠고 전쟁에도 공을 세웠고 모든 능함이 가득해서 무엇이든지 원하는 대로 다 할 수 있다고 생각했겠지요.

그는 자기 힘으로 동족을 돕고 구원할 수 있다고 여겼습니다. 그는 '나는 할 수 있다'의 상태에 있었지요. 물론 그 때 그는 외적으로는 화려한 모습을 가지고 있었지만 진정한 의미에서 능력 있는 상태는 아니었습니다.

영적 발전단계에서 다음 단계, 광야로 가면 앞서서 가지고 있었던 그러한 자신감들은 무너지기 시작합니다. 온갖 긍정적인 사고를 하고 마음에 온갖 상상을 동원해서 행복과 좋은 세상을 창조하려고 해도 때가 되면 모든 것이 무너지기 시작합니다. 여기서 절망의 고백이 나오지요. "나는 할 수 없다"입니다. 모세는 애굽에서 광야로 도망하며 처절한 절망의 나락에 빠졌고 모든 꿈과 희망을 잃어버립니다.

"나는 할 수 없다", "나는 아무 것도 못 한다" 이 의식 수준은 첫 번째 의식과 고백보다는 조금 나아간 것입니다. 그것은 하나님의 놀라우신 은총이 임하기 위한 준비의 단계입니다.

　탕자가 집안에 있는 상태가 첫 번째 애굽의 상태였다면, 처절한 좌절과 실패를 경험하고 집에 돌아오는 과정은 두 번째의 의식 과정, '나는 아무 것도 할 수 없구나..' 하는 단계로 발전한 것을 보여주는 것입니다. 그것은 세 번째의 의식 수준, 잔치의 풍성함을 맛보기 전에 경험해야 하는 과정의 단계이죠.

　누구나 인생의 발전 단계에서 이 광야의 과정, 절망과 실패의 과정을 경험하게 됩니다. 광야의 단계에서는 믿었던 모든 것들, 눈에 보이는 모든 것들이 무너지게 되지요.

　사랑하던 사람, 믿었던 것들, 좋아했던 것들, 믿었던 이들에게 배신을 당하고 자신에게 속고 실망하고.. 하는 과정을 겪습니다. 이것은 보이는 것, 물질세계의 모든 것들이 그림자이며 허상임을 배우는 과정입니다.

　누구나 영적으로 어릴 때에는 애굽에 있지만 영이 조금 자라고 섭리의 시간이 오면 광야의 허망함에서 허무감에 빠지게 됩니다. 그리고 이 시간이 실제적으로 영이 깨어나며 하나님의 실제가 가까이 오는 시간입니다.

　하지만 중요한 것은 거기서 머물러 있어서는 안 된다는 것입니다. 하나님께서 이스라엘을 애굽에서 이끌어내신 이유는 광야에서 살도록 하기 위한 것이 아닙니다. 광야는 이스라엘 백성이 애굽에 오래 있어서, 애굽의 때가 벗겨지지 않고 애굽의 사상과 잔재가 그대로 남아있어서 그 때를 벗기기 위해서 잠시 머무는 곳입니다. 아직도 자신의 겉사람에 희망이 있는 줄로 알고 낙관을 가지고 자아를 붙들고 생명이신 주를 붙잡지 않으니 그 육신의 모든 때가 벗겨지고 자아의 모든 희망이 소멸되어 죽음에 이르도록 광야의 십자가를 통과하게 하시는 것입니다.

애굽 탈출의 근본 목적은 가나안의 영광스러운 삶입니다. "나는 할 수 있다, 나는 잘났다"도 웃기는 거지만, "흑흑.. 나는 못해요. 저는 할 수 없어요.. 저는 죄인이에요.. 인생은 고통이에요.." 하는 것도 도달한 것이 아닙니다. 가나안의 영광은 그러한 것이 아닙니다.

그렇다면 "나는 할 수 있다"도 틀렸고, "저는 못해요"도 틀렸다면 정답은 무엇입니까? 가나안의 고백은 무엇입니까?

우리는 바울의 고백에서 그 답을 찾을 수 있어요. "**내게 능력 주시는 자 안에서 내가 모든 것을 할 수 있느니라**" (빌4:13) 하는 말씀이죠.

거기에는 "할 수 있다"는 고백이 들어가지요. 그런데 거기에 "내게 능력주시는 자", 즉 능력의 근원에 대한 고백이 들어가요. 그러므로 나는 할 수 없지만, 그분이 함께 하시기 때문에 내가 아니라 그분의 능력을 힘입어 할 수 있다는 것입니다.

이것이 바로 가나안의 고백입니다. 우리는 무능하고 우리는 죄인이고 우리는 부족하지만 우리 안에 그리스도가 거하십니다. 그리고 그분이 내 안에서 운행하십니다. 그러므로 그분이 우리 안에서 행하시는 것을 믿을 때, 신뢰할 때, 고백할 때.. 우리 안에서 놀라운 역사가 이루어지는 거예요..

모세도 처음 40년 동안에는 "나는 할 수 있다"고 설치다가 망했고, 그 다음 40년 동안은 "나는 아무 것도 할 수 없어" 하면서 눌려 살았고, 마지막 40년은 "나는 할 수 없지만, 나는 하나님과 함께 간다. 그러므로 할 수 있다!" 하면서 놀라운 사역을 이루었지요.

애굽 신앙을 [창조신앙] 이라고 할 수 있어요. 조금 나쁘게 표현하자면 [기복신앙]이라고도 할 수 있죠.

이것을 나쁘게 보는 이들도 있는데 저는 기복신앙을 나쁘다고 생각하지 않아요. 우리는 복 받기를 원하지 저주를 받으려고 믿는 것은 아니니까요.

다만 애굽, 육신의 차원에 있을 때는 눈에 보이는 물질적인 차원의 복, 조금 낮은 차원의 복을 구하게 되어요. 더 풍성하고 아름답고 영광스러운 근원적인 보화를 볼 수 있는 눈이 아직은 없기 때문에 그렇지요.

하지만 그것은 어린 것이지 악한 것은 아닙니다. 어린 것은 자라면 되지요. 어린 아이가 구구단을 못 외운다고 죽을 죄를 지었다고 할 수는 없어요.

잘 사랑하고 돌보아주면 어린 아이는 자라게 되고 그러면 차츰 장난감을 버리고 좀 더 재미있는 것을 찾게 됩니다. 어린아이가 가지고 있는 장난감을 억지로 빼앗고 눈을 부라리면서 학습지를 암기하라고 할 필요는 없어요. 영성이든 무엇이든 억지로 하는 것 보다는 수준에 맞는 눈높이 교육이 좋아요.

광야 신앙을 [십자가 신앙]이라고 할 수 있어요. 여기의 중심은 자기 부인입니다. 십자가의 놀라운 역사를 모르고 이것을 피상적으로 이해하고 있으면 자칫 잘못하면 창백하고 메마르고 초췌한 신앙에 머물러 있을 수 있어요.

'못한다. 힘들다. 죽겠다..' 하면서 억지로 간신히 인내를 해 가면서 주님 오실 날만 기다리고 죄책과 눌림에 빠져서 피곤하고 힘든 삶을 지탱해갈 수도 있어요.

자기의 사망성에 대해서, 육체의 사망성에 대해서 빨리 이해할수록 십자가를 빨리 적용하게 되고 십자가의 경험이 곧 천국의 경험인 것을 알게 되기 때문에 어서 그 실제적인 죽음의 역사, 심장의 죽음과 몸의 죽음의 경험을 구하게 되죠. 이해와 경험이 빠르면 빠르게 이 단계를 넘어설 수 있습니다.

가나안 신앙을 [부활 신앙]이라고 할 수 있죠. 여기에는 누림이 있고 해방이 있고 천국의 열매가 있어요. 천국이 사후에 이루어지는 것이 아니라는 것을 실제적으로 누리는 시기이죠. 우리의 목표는 바로 이 지점이며 주님께서 인도하시는 장소도 바로 이곳입니다.

광야에는 오래 있을 필요가 없는 거예요. 물리적으로 2주일이면 가는 곳을 이스라엘 백성이 고집을 부려서 40년 평생을 살게 되었는데, 우리 인생도 한 평생을 광야에서 보내서는 안 됩니다.

잠시의 공부와 훈련 후에는 많은 시간들을 자유함과 성취의 공간에서 보내야 해요. 그것이 가나안입니다. 주님은 기쁨과 사랑과 평화와 승리가 가득한 가나안의 영역으로 우리를 인도하기를 원하십니다.

할 수 있는 한 우리는 가나안의 삶을 지향해야 하며 가나안의 고백을 지향해야 합니다. 내주하시는 그리스도를 고백해야 하며 내주하시는 그리스도가 우리 안에서 역사하심을 시인해야 합니다. 그것은 풍성한 삶과 승리하는 삶을 위한 중요한 비결이기도 합니다.

그러므로 "나는 죄인이다." "나는 쓰레기다." 이런 고백은 아름답고 좋은 고백이기는 하지만 거기서 멈추어서는 안 됩니다. "나는 죄인이지만 용서받은 죄인이다. 주님이 그 피로 나를 사해주셨고 눈보다 희게 만들어주셨다." "나는 쓰레기지만 주님은 나에게 긍휼을 베푸셨고 내 안에 거하신다." 이런 고백으로 나아가야 해요.

나의 부족함을 고백하는 것은 거기서 끝이 나서는 안 되고 나의 부족함을 고백함으로, 내가 혼자 살 수 없으며 오직 주님이 필요하며 주님을 갈망하는 고백으로 연결되어야 하는 것이죠.

그러므로 우리는 이러한 고백을 생활화해야 합니다. "나는 할 수 없어요. 나는 못해요. 나는 부족해요." 가 아니라 "내게 능력 주시는 자 안에서 나는 사랑할 수 있습니다." "내 안에 거하시는 주님으로 말미암아 나는 용서할 수 있습니다." "주님의 은혜 안에서 나는 거룩하고 순결하게 살 수 있습니다." 그렇게 고백해야 해요.

우리가 부족하기 때문에 그 부족한 자신을 바라보지 말고 온전하신 분, 우리 안에 거하시며 운행하시는 사랑과 권능이 가득하신 분을 바라보며 우리의 시선을 그분께 맞추어야 하는 것이에요.

기억하세요. 그분은 우리 안에 거하십니다. 그분은 우리 안에서 운행하세요. 우리가 움직일 때 우리 안에 거하시는 그분도 움직이시죠. 우리가 지하철을 타면 그분도 지하철에 같이 타시는 거예요.

우리 연약한 육체 가운데 무한하신 그분이 거하십니다. 우리는 믿음과 의식을 따라 그분을 제한할 수도 있고 또한 무한하고 풍성하신 그분의 역사를 보고 경험할 수도 있어요.

오늘도 내일도 우리 안에서 그분의 운행하심과 역사하심을 믿으세요. 그리고 고백하세요. 날마다 이것이 습관이 될 때 우리는 더 많은 변화, 승리, 자유, 열매.. 천국에서 오는 더 많은 은총들을 더욱 더 누려가게 될 것입니다. 할렐루야.. 주님.. 감사합니다..

10. 1. 5

9. 심장의 기독교가 실상이다

머리의 기독교는 실상이 아니에요. 성경의 말씀이 머리에만 가득하고 그 상태로 머물러 있다면 그것은 허상이에요. 모든 열매는 심장에서 와요. 내면에서 와요. 가슴에서 오는 것이죠.

머리는 물질적인 영역과 관련된 거예요. 머리는 눈에 보이는 것만 인식하는 존재죠. 머리의 영역에서는 눈에 보이는 모든 것들이 실체라고 오해하는 경향이 있어요. 뉴스에 민감하고 세상의 정보에 민감하고 보이는 것에 민감한 것이 머리의 성향이죠.

머리는 편리한 기능을 가지고 있는 복잡하지만 유용한 기구일 뿐 실제의 내가 아닙니다. 내가 사용하는 도구에 불과한 것이죠. 몸도 나의 실제가 아니고 내가 입고 있는 옷일 뿐이에요. 머리는 이 몸이 실제의 나라고 착각하는, 매트릭스에 속고 있는 안타까운 존재에요. 인간의 타락으로 인하여 머리의 기능은 많이 제한되었지요.

우리는 이 머리를 그 기능에 따라 적절하게 사용해야 하는데 이 머리에 속고 있어요. 머리를 사용하는 것이 아니라 머리의 정보와 의견에 끌려가는 것이죠.

머리는 청지기일 뿐인데, 얘가 지금 주인 노릇을 하고 있어요. 하긴 선악과를 먹은 후부터 그랬죠. 하지만 이제 우리는 생

생명나무인 주님을 먹고 마셨으니까 이제는 달라져야 해요. 더 이상 머리가 혼자서 주인이 되게 해서는 안돼요. 머리는 주님께 굴복되어야 해요.

실제의 나는 영혼, 속사람, 심령이에요. 물질적인 육체가 내가 아니고 보이지 않지만 우리의 내면에 있는 영혼이 우리 자신이죠. 언젠가 우리는 겉사람의 몸과 겉사람의 의식을 벗고 속사람으로, 본질적인 생명으로 우리의 본향을 찾아갈 거예요. 구원받고 하늘의 본향에 주소가 있는 사람들은 그 시간을 몹시 기다리겠죠.

이 땅에 살고 있는 동인 우리는 실제의 나를 분명하게 인식해야 해요. 몸이 나라는 착각에서 벗어나야 하고 머리가 가지고 있는 물질적인 의식의 허망함에서 벗어나야 해요.

물질적인 의식의 성향을 가지고 있는 머리는 본질을 보지 못해요. 껍데기, 외형을 인식할 뿐이죠. 그래서 이 외형의 기독교, 머리의 기독교는 외적으로 풍성하면 그것이 전부라고 생각해요. 교회 건물을 크게 짓고 헌금이 많이 모이고 사람들이 많이 모이면 그것을 부흥이라고 생각해요. 하지만 부흥이란 천국이 이 땅에 임하는 것이에요.

생명이란, 부흥이란 항상 그 열매를 통해서 증거되죠. 천국의 향취, 천국의 영광이 이 땅에 임하는 것이 부흥이에요. 그리스도의 마음이 임하고 천국의 기쁨이 임하고 천국의 빛과 사랑.. 그것이 넘치는 것이 부흥이에요.

머리는 바깥을 향하는 성향을 가지고 있어요. 머리는 내적인 공간이 아니죠. 머리에는 많은 것을 담아도 아무런 열매를 맺을 수 없어요. 머리에 많은 말씀이 이해되고 저장되어 있어도 그것은 열매를 맺을 수 없어요. 그것은 가슴으로 내려와야 해요. 오직 가슴에 임하는 말씀이 열매를 맺게 되어요.

주님은 말씀하셨어요. 좁은 문으로 들어가기를 힘쓰라고, 들어가기를 구하여도 못하는 자가 많다고.. 집 주인이 문을 닫은 후에 너희가 두드리면서 열어달라고 할 때 나는 너희가 어디에서 온 자인지 알지 못한다고 대답할 것이라고.. 그 때 너희가 말하기를 우리는 주 앞에서 먹고 마셨으며 주는 우리를 길거리에서 가르치셨다고 하겠지만, 나는 너희가 어디에서 왔는지 모른다고.. 대답할 것이라고..

사람들은 자신이 주님을 잘 안다고 생각해요. 하지만 그것은 착각일 수도 있어요. 만약 주님이 그들을 모른다고 대답하시면 그것은 정말 비참한 일이 되겠죠.

그렇다면 내가 착각하고 있는지, 아닌지 어떻게 알 수 있을까요? 자신이 맺고 있는 열매를 보면 돼요. 내게서 주님의 열매가 나타나면 나는 주님을 조금 알고 있는 것이고 나에게서 자신의 열매만 나타난다면 나는 주님을 알고 있는 것이 아니겠죠.

그들은 항의해요. 주님.. 길거리에서 저희를 가르치지 않으셨냐고.. 왜 모른 척 하시느냐고 따지죠.

길거리는 공개적인 공간이에요. 이것은 사적인 공간이 아니죠. 길가에서는 열매를 맺지 못해요. 길가에 뿌린 씨는 새들이 와서 먹어버리죠. 길가에서, 시장에서 바리새인들이 긴 옷을 입고 기도했지만 그 기도에는 열매가 없어요.

길가는 공개된 공간이고 사람들이 오고 가는 복잡한 공간이에요. 길가에서 기도할 때는 사람을 의식하게 되죠. '아.. 내 기도가 경건하게 보일까? 오늘 이 기도가 은혜를 끼쳤을까?' 하는 식으로 생각이 복잡해져요. 그런 외적인 기도들은 하나님께 이르지 못해요. 새들이 와서 먹어버리죠.

길가는 지나가는 곳이지 안식하는 곳이 아니에요. 길가는 교제하는 곳이 아니에요. 길가는 쉴 수 있는 곳도 아니죠. 길에서 잠을 잘 수도 없잖아요? 길에서 자면 그건 집이 없는 노숙자겠죠. 그처럼 길가는 개방된 곳이므로 사람들의 눈이 많아요. 사람의 눈이 많은 곳에서는 자신의 속 모습을 드러내기 어렵고 외식하기 쉬운 상태가 되죠. 그러니 길가는 기도하는 장소로는 적절한 곳이 아니에요. 길가에서 기도하는 것은 외적인 기독교를 보여주는 것이죠.

공적인 공간에는 열매가 없어요. 그러므로 진정한 기도의 장소는 골방이에요. 거기는 주님과 자기 밖에 아무도 없죠. 남이 내 기도를 들을까 신경 쓰지 않고 회개기도든지, 뭐든지 얼마든지 할 수 있어요.

골방기도와 같은 개인적이고 내면적이고 은밀한 기도에 주님이 가까이 오세요. 그렇게 주님이 오시면 응답이 있고 열매가 생기죠. 문제에, 삶에, 인격에.. 모든 것에 응답과 변화와 열매가 생겨요.

머리는 공적인 영역이에요. 논리적이고 합리적인 영역이죠. 가슴은 인격적이고 개인적인 사적인 공간이에요. 그러므로 머리에 말씀이 가득하고 가슴에는 말씀이 하나도 없는 상태라면 그것은 주님께 "나는 너희를 알지 못한다"의 선언을 받는 상태와 같아요. 가슴에 임하지 않은 말씀은 아무런 열매를 맺을 수 없으니까요.

삭개오가 나무 위에서 내려와 주님을 자기 집에 영접한 것처럼 우리의 의식은 머리에서 가슴으로 내려와야 해요. 그래야 실제적으로 주님을 영접하고 교제할 수 있어요.

머리는 남자를 의미하고 심장은 여자를 의미해요. 여자의 머리는 남자이지만 남자의 심장은 여성이에요. 이것은 누가 우월한가의 문제가 아니고 조화의 문제예요. 맡겨진 영역이 다른 것이죠. 남자는 외적인 질서를 맡았고 여자는 생명과 열매의 책임을 맡았어요.

머리가 망가지면 그래도 뇌사상태이기는 하지만 살아는 있어요. 그러나 심장이 망가지면 즉시로 죽어요. 바로 몸이 썩기 시작하죠. 그처럼 생명은 여자에게 있고 심장에 있어요.

남자를 무시하는 여자는 외적 질서를 무시함으로 불안하고 공허하고 내적인 만족이 없고 생기와 활력과 행복을 잃죠. 사나와지고 허전해지죠. 여자를 무시하는 남자는 불행하고 비참하고 기쁨이 없고 그 생명이 길지 않고 약해져요.

여자는 남자를 존경할 때 행복해지고 남자는 여자를 자기 목숨처럼 아끼고 사랑할 때 행복해져요. 그러므로 가장 불행한 여자는 존경하는 능력을 잃어버린 여자에요. 자기 남편이 마냥 한심하게 보이는 여자이죠.

가장 불행한 남자는 자기 아내를 하찮은 존재로 여기고 함부로 대하는 사람이죠. 그게 바로 지옥과 같은 삶을 불러와요.

열매는 남자가 직접 맺을 수 없어요. 여자를 통해서만 맺을 수 있죠. 남자는 스스로 아기를 낳을 수 없어요. 자기가 가지고 있는 씨를 여자에게 주어야 해요. 그럴 때 여자가 아이를 낳지요.

마찬가지로 머리는 말씀을 많이 보고 읽고 암송해도 아무런 열매를 맺을 수 없어요. 말씀은 머리가 먹는 것이 아니고 심령이 먹는 거예요. 그러므로 심장에게 전달해주어야 해요.

심장이 말씀을 받고 어떻게 반응하는지.. 기뻐하는지, 슬퍼하는지, 아파하는지.. 그 반응을 살펴야 해요. 반응에 따라서 조심스럽게 말씀을 먹여야 해요. 그 소화력과 소화 상태에 따라서 적절하게 음식을 주어야 해요. 심령은 위장과도 같이 한꺼번에 많은 것을 소화할 수 없어요.

그런데 오늘날 많은 신자들이 심장으로 말씀을 먹지 않고 머리로 먹으려고 애써요. 그래서 머리는 꽉 차 있고 심령은 텅 비어 있어요. 가슴이 공허하고 마음은 쫓기며 행복하지 않고 걱정 근심이 많고 툭하면 화가 나죠. 자기가 깨달은 것, 아는 것을 가르치고 싶어서 안달이 난 분들은 많지만 말씀의 풍성한 열매, 그 충만함을 경험하는 이들을 보는 것은 쉽지 않아요.

심장이, 우리의 심령, 우리의 영혼이 말씀을 먹게 되면 놀라운 일이 일어나요. 천국의 풍성함들이 실제적으로 이루어지게 되죠. 말씀에는 권세가 있어서 능력이 나타나고 치유가 있고 변화를 일으키고 천국의 많은 열매가 나타나게 되어요.

말씀에 대한 많은 복잡한 설명이나 가르침이 아니라 그저 단순하게 말씀을 먹음을 통해서.. 많은 역사들이 이루어져요. 용서와 회복과 치유와 기쁨과 사랑과.. 많은 일들이 일어나게 되어요.

우리는 머리의 기독교, 겉사람의 기독교에서 심장의 기독교, 속사람의 기독교로 들어가야 해요. 그것은 외부적인 복이 아니라 내면에서 끝없이 올라오는 천국의 생명이에요. 내적인 변화가 일어나는 것이죠. 가치관의 변화와 의식의 변화.. 사람의 변화죠.

세상에 속한 사람이 천국인으로 바뀌는 역사들이 일어나기 시작해요. 사나운 사람들이 온유해지고 이기적인 사람들이 섬기는 것으로 기쁨을 삼게 되어요. 거친 언어 행동의 파장들이 부드럽고 아름답고 향기가 가득한 것으로 조금씩 달라져가게 되어요. 머리는 날카롭고 차갑고 거친 세계지만 심장은 아름답고 온유하고 사랑스럽고 천국의 기쁨이 가득한 세계에요.

오늘날 많은 신자들이 머리의 기독교에 속해 있어요. 그래서 머릿속에 많은 관념들을 가지고 있지만 그 심령은 굶주리고 메말라서 해골과 같은 형상을 가지고 있어요. 그러므로 항상 마음이 급하고 쫓기고 화가 나고 억울하고 두렵고 근심 걱정이 많고 온갖 눌림 속에서 사는 것이죠.

심령을 일으켜야 해요. 심장의 기독교를 경험해야 해요. 그 배에서 솟아오르는 생수를 맛보아야 해요. 말씀이 심령에 심겨져야 해요. 보이는 모든 것들은 실상이 아니에요. 우리의 문제는 환경이 아니고 가난이 아니에요. 우리의 문제는 심령이 너무 배고프고 굶주린 상태라는 것이에요.

우리는 육을 채우고 머리를 채우는 것에 열심이었지만 심령을 채우는 것에는 힘쓰지 않았어요. 하지만 이제는 심령을 채워야 해요.

심령에 말씀이 채워질 때, 심령에 주의 임재가 가득해질 때 우리의 변화는 시작되어요. 하늘의 기쁨이 임하고 환경을 초월하는 내면의 평화를 알게 되어요. 온갖 공격과 비난을 받아도 기쁨과 사랑을 잃지 않고 자유함을 누리게 되어요. 그 모든 것들이 심령에서 일어나요.

우리는 아름다운 열매를 맺는 신자가 되어야 해요. 그 모든 열매는 심령에서 나와요. 심령이 일어나면 열매를 맺게 되어요. 아가는 배에서 나오지만 성령의 열매는 심령에서, 심장에서 나오는 것이죠. 성령의 열매는 사랑, 희락, 화평.. 이런 것들은 심장에서 나오는 것이지 머리에서 나오는 것이 아니에요..

　당신의 심령을 일으키세요. 당신의 심령에 말씀이 가득하게 하세요. 당신의 심령에 마음을 집중하세요. 심령이 일어나고 충만 되기를 구하고 사모하세요.

　진정 아름다운 열매를 맺는 신자가 되기를 갈망하고 구하세요. 심령이 일어나면 누구나 아름다운 열매를 맺을 수 있어요. 여인이 씨를 받고 잉태할 때 속에서 움직이는 생명의 약동이 실제적인 것처럼, 심령에 씨앗이 떨어지면 실제적으로 그 영의 움직임이 일어나게 되어요.

　진정 구하는 자에게, 진정 사모하는 자에게 주님은 가까이 오실 것입니다. 그래서 당신의 심령을 채우시고 세상이 알지 못하는 기쁨과 평화를 주실 거예요. 그러한 아름다움과 충만함을 위해서, 심령의 일어남을 위해서.. 우리 모두 날마다 더 간절한 마음으로 기도하고 사모하며 나아가십시다.

　오, 주님.. 우리의 심령에 충만하게 임하여 주시옵소서.. 그래서 우리가 주님의 열매, 천국의 열매를 맺게 해주옵소서..

　항상 우리를 불쌍히 여기시고 은혜 주시는 주님을 찬양합니다.. 할렐루야..

10. 1. 10

10. 탐식과 비만의 치유와 영성회복

사랑하는 회원님들, 평안하시지요? 주님의 사랑과 은혜가 여러분들 가운데 임하시기를 바랍니다.

이곳에서 여러분들을 직접 뵙지는 못하지만 글로써 만날 수 있다는 것이 저에게 큰 즐거움이고 행복입니다. 여러분들은 저의 삶에 많은 귀한 선물이 되고 있어요. 새삼 감사를 드리고 사랑을 전합니다. 여러분들을 모두 사랑합니다.

오랜 만에 간단하게 메시지를 하나 전할까 해요. 그것은 치유에 대한 것이죠. 회복과 치유.. 제가 참 좋아하는 부분이에요.

이 세상에는 많은 증상들이 있어요. 원하지 않지만 겪고 있는 많은 상태가 있죠. 싫어하는데, 벗어나고 싶은데, 그게 잘 안 돼요. 그러한 것들을 누구나 한 두 가지씩은 가지고 있어요.

그러한 증상들을 치유하는 데 있어서 중요한 것은 증상의 원인에 대한 진단이겠죠? 만약 진단과 처방이 정확하다면 사람들은 증상에서 벗어나게 될 거에요. 하지만 진단과 처방이 정확하지 않은, 근원적인 것이 아닌 표피적인 것이라면 자유함을 별로 누릴 수 없을 거에요.

오늘 이야기하고 싶은 것은 탐식에 대한 것이에요. 과식.. 탐식.. 음식을 지나치게 많이 먹는데, 자기가 그것을 조절할 수 없는 것.. 오늘날 그러한 문제가 점점 더 많아지고 심각해져서 많은 분들이 그러한 고민을 가지고 있기 때문에 거기에 대해서 이야기를 하고 싶어요.

탐식은 흔히 비만이라는 문제를 가지고 오죠. 음식 먹기를 좋아하는 데다 움직이는 것을 싫어하다보면 비만의 문제가 따라오게 되어요. 왜 탐식은 일어나는 것일까요? 왜 비만은 오는 것일까요? 왜 많이 먹고 움직이는 것을 싫어하게 되는 것일까요?

어떤 질병이나 증상을 가지고 있는 이들은 누구나 다 거의 전문가 수준의 지식을 가지고 있어요. 잘못된 지식도 있겠지만, 아무래도 관심을 가지게 되니까 책도 보고, 여기저기서 관련 자료도 많이 찾고 해서 많은 지식을 가지고 있죠. 탐식이나 비만의 문제에도 많이 알려진 상식이나 이론이 있어요.

유익하고 좋은 것들도 있고 더러 왜곡된 지식도 있을 거예요. 각자에게 도움이 되는 것도 있겠고 적용하기 어려운 것들도 있겠죠.

저는 그런 계통의 전문가는 아니기 때문에 외적인 측면보다 내면적인, 영적인 측면에서 문제를 조금 생각해보고 싶어요. 일반인들, 불신자들에게는 별로 도움이 되지 않겠지만, 주님을 갈망하는 신자들에게는 어느 정도 도움이 되지 않을까 싶어요. 그래서 이야기를 하는 것이죠.

사람들이 겪고 있는 모든 문제들이 다 그렇지만 탐식, 비만.. 그것도 역시 문제의 근원은 그 영혼, 그의 심장에 있다고 저는 믿어요. 그 사람의 심장이 텅 비어 있는 것이죠. 심장에 기쁨과 만족이 없는 것이에요. 심장에 슬픔.. 고통.. 외로움이 가득한 상태에요.

한 마디로 말하자면 비만은 곧 슬픔이라고 할 수 있어요. 그리고 애정결핍이고 사랑의 결핍이에요. 본인이 느낄 수도 있고 그렇지 않을 수도 있지만 탐식의 증상을 가진 사람은 그 안에 슬픔이 있어요. 고통이 있어요. 속에서 자기 영혼이 울고 있어요.

그 슬픔은 채워지지 않는 가슴, 채워지지 않는 애정에 대한 슬픔이고 굶주림이에요. 끝없는 허전함이에요.

이들이 알지 못하는 것은 그 가슴을 채워줄 대상이 세상에 존재하지 않는다는 것이죠. 애인이나 배우자나 부모나.. 어떤 대상이 자기를 채워줄 것이라고 여기고 찾아요. 그러므로 그 가슴의 슬픔이 사라질 수가 없어요. 왜냐하면 그 공간은 오직 주님이 채우실 수 있기 때문이죠. 주님의 임재, 주님의 말씀만이 그 심장을 가득 채울 수 있어요. 하지만 그것을 모르니까 이들은 기다리고 기다리며 슬퍼해요.

이것을 모르는 대부분의 사람들이 배우자에게 기대했다가 실망하고 일생을 분노로 살지요. 그들은 배우자에게 문제가 있다고 생각해요. 자기가 사람을 잘못 골랐다고 생각해요. 하지만 사람의 가슴을 채울 분은 오직 한분이에요. 다른 이로 채우려고 하면, 이상형을 만나면 행복할 것 같지만 결과는 좀 더 빨리 비참해지는 것이죠.

탐식의 사람들, 비만의 사람들은 정이 많은 사람들이고 애정 용량이 많은 사람들이에요. 마음이 섬세하고 아름다운 사람들이죠. 속이 아주 여리고 상처를 잘 받아요. 날씬하고 아름다운 여성들은 강퍅한 사람들이 참 많아요. 그러나 이 사람들은 마음이 아름답고 섬기는 것을 좋아하고 애정이 많아요. 용량이 많아요. 다른 이들에게 무엇이든 해주는 것을 좋아하고 다른 이들에게 작은 돌봄이나 선물을 받으면 감격해요.

그런데 이 섬세하고 아름다운 사람들의 속이 기대만큼 채워지지 않아요. 사람들은 외모만 보고 외모로 판단하는 것을 알게 되죠. 그래서 아프고 상처받고 외롭고 슬퍼져요. 그래서 속이 고통스럽기 때문에 속에 직면하지 않고 다른 것으로 도피하려고 해요. 그 도피중의 하나가 먹는 것이죠.

위장이 가득 채워지게 되면 심장의 허전하고 슬프고 외롭고 고통스러운 감각을 잊어버릴 수 있어요. 위장이 가득 채워질수록 심장의 감각이 죽어버리게 되기 때문이죠.

그래서 마음이 아프고 속이 상할 때 음식을 먹는 사람들이 많아요. 그것이 영적인 자살 행위인 줄을 모르구요.

아니 알지도 모르죠. 어느 정도는 알 거에요. 이렇게 먹는 것이 자기에게 좋지 않다는 것을.. 그래서 다시는 안 먹겠다고 다짐을 하지요. 먹고 후회하고 괴로워하고.. 온갖 결심을 하죠.. 그리고 다시 실패하고 울고 싶고.. 그렇게 비참한 반복을 되풀이하죠.

TV나 기사에서 읽은 사람들의 성공담을 되새기며 다시 마음을 다잡고 이를 악물어요. 그러다가 다시 실패하고 포기하다가.. 그런 식의 비극적인 전쟁을 되풀이하면서 인생을 보내요. 참 허무하죠. 본질적인 싸움이 아니라 표피적인 소모적인 전쟁으로 인생을 낭비한다는 것은요.. 본질에 들어가지 못하면 아무리 결단하고 노력해도 그것은 결실을 맺기 어려워요.

심장이 사랑과 평화로 가득하다면, 사람은 결코 다른 군것질을 하지 않아요. 속이 충만한 사람들은 사랑에 집착하지 않아요. 취미에 빠지고 쇼핑에 빠지고 영상문화에 빠지지 않아요. 그것들은 다 속이 비어있는 것에서 나오는 중상이에요.

탐식하는 사람들의 속은 외로움과 슬픔으로 가득해요. 비어있어요. 허전하고 허무해요. 혼자가 싫어요. 고요한 시간을 견디지 못해요. 그러면 속의 허전함과 외로움, 비참한 상태에 직면하게 되니까요. 그래서 TV를 보든지 인터넷을 여행하든지.. 자신을 잊고 싶어 해요.

분명히 이해해야 해요. 억지로 애쓰고 노력하는 것은 좋은 열매를 맺지 못해요. 하지만 그렇다고 고통을 잊어버리려고 다른 곳으로 도피하는 것은 더 심각한 것이에요. 그것도 역시 상황을 개선하지 못하죠.

비만과 탐식의 문제를 해결하려고 애쓰고 노력하는 이들이 참 많아요. 하지만 성공적인 열매를 맺는 이들은 드물죠. 열심히 운동을 하는 사람들이 많아요. 하지만 운동을 하고 나면 식욕이 더 많이 일어나죠. 그것을 참는 것도 고통스러운 일이에요.

자기 안에 많이 먹고 싶은 프로그램이 이미 입력되어 있는데, 그 프로그램을 삭제하거나 수정하지 않고 계속 한 없이 클릭만 하면 프로그램이 사라질까요? 제어판에 들어가지 않고 바깥에서 계속 삭제를 누르면 바이러스가 사라질까요?

아니죠. 프로그램을 삭제하려면 근원으로 들어가야 해요. 왜 이 증상이 왔는지, 그 근원에 대해서 알고 들어가야 해요.

그렇지 않고 억지로, 의지로 프로그램을 거스르면 고통이 와요. 프로그램을 바꾸지 않고, 굳건하게 잠겨있는 철문을 열쇠 없이 계속 주먹으로 두드리고 머리로 들이받으면서 철문을 열려고 하는 것은 몸만 상하게 할 뿐이죠. 억지로 하는 모든 것이 영을 병들게 해요. 영의 역사는 아름답고 편안하고 자연스러운 것이에요.

온 몸에 잔뜩 힘을 주고 긴장하고 운동장을 **빠르게** 걷는 이들을 많이 보았어요. 자전거 타기 운동기구를 미친 듯이, 엄청나게 **빠른** 속도로 다리를 움직이며 타고 있는 이를 본 적이 있어요. 그들은 참 고행을 하고 있는 것 같아요. 시지프스의 신화처럼.. 무거운 돌멩이를 지고 끝없이 산꼭대기에 올라가고.. 그리고 잠시의 휴식 후에는 다시금 돌을 지고 올라가는 고생의 무한 반복.. 참 비참한 일이죠.

만약에 운동을 즐거운 마음으로 한다면 그것은 좋아요. 그 상황을 즐길 수 있다면.. 그것은 좋은 열매를 맺을 수 있어요.

운동을 하고 싶으면 주님과 함께 즐거운 마음으로 해야 해요. 걸으면서 발바닥에 닿는 감촉을 기뻐하고.. 움직일 수 있는 건강과 힘을 주신 것을 감사하고.. 코에 닿는 바람과 그 기운을 기뻐하고 즐기며.. 눈에 보여지는 경치나 모든 것을 사랑하고 축복하며.. 걸음을 한 발자국씩 떼어놓으면서 주님께 사랑을 고백하고 찬양하고.. 같이 하는 사람이 있으면 그에게 웃으면서 사랑의 미소를 보내고.. 즐기는 마음으로 하는 모든 것은 아름다운 열매를 맺어요.

하지만 고통스럽게 하는 것은 또 다른 고통을 가져오죠. 고양이가 고양이를 낳듯이 억지로 고통스럽게 시노하는 하나의 행위는 또 다른 고통의 문제, 고통의 행위를 끌어당기게 돼요.

고통스럽게 공부해서 성공하는 사람은 그것이 외적으로는 성공으로 보일지 모르지만 그 고통의 과정에서 내면과 심장을 많이 파괴하기 때문에 나중에 더 심한 고통, 비극적인 증상들을 끌어당기게 되어요.

이를 악물고 공부하는 아이들은 미래의 고통이 쌓여있어요. 인생을 즐기고 행복을 누리는 것을 어릴 적부터 배우지 않으면 그 인생의 미래는 피곤하게 되어요. 그런데 지금의 교육시스템이 하고 있는 짓은 서로 무한 경쟁을 시켜서 아이의 심장을 죽이고 억압해서 미래를 파괴하도록 만들고 있는 것이죠. 참 비극적인 일이에요. 그러한 흐름에 부모들까지 동조하고 있으니 아이들이 그저 불쌍할 뿐이죠.

운동을 해서 몸매를 바꾸려는 것은 근원적인 방법이라고 할 수 없어요. 살이 찌고 비만이 되는 것은 운동 부족이 원인이 아니고 많이 먹기 때문이에요. 지나친 식욕이 근원 문제에요. 지금 눈에 보이는 살을 제거하는 것이 핵심이 아니고 속에 가득한 탐식, 식욕을 처리하는 것이 핵심이라는 것이죠. 아무리 살을 억지로 처리해도 식욕이 처리되지 않으면 아무 소용이 없어요. 살은 또 생기니까요.

그런데 운동을 많이 하면 먹고 싶은 욕구가 사라질 것 같아요? 아니면 더 많아질 것 같아요? 면도를 하면 털이 완전 소멸되겠어요? 아니면 속에서 또 나오겠어요? 물으나 마나죠.

천정이 새서 빗방울이 떨어지고 있으면 천정의 구멍 난 부분을 수리해야 하는데, 떨어지는 빗방울을 걸레로 한 없이 닦고 있으면 언젠가는 천정의 구멍이 막힐 것이라고 생각해요. 어처구니없는 생각이죠. 그렇지 않아도 식욕이 많은 사람이 운동을 해서 식욕을 더 많이 일으켜놓고 먹지 않고 참으며 초인적으로 인내해서 버틴다는 것.. 참 피곤한 방식이죠.

그렇게 해서 성공할지도 모르지만 그렇게 억지로 견디는 것은 또 다른 증상을 가져오게 되어요. 또 다른 형태의 탐닉을 만들어내는 것이죠. 그것은 몸의 문제보다 더 심각한 것이 될 수도 있어요. 떨어지는 빗방울을 계속 닦았더니 이 쪽은 깨끗해졌는데 이번에는 다른 쪽에 떨어지는 것이죠. 그러니 근본적으로 구멍을 막아야 해요.

비만의 직접적인 원인에 속하는 운동부족과 많이 먹는 문제 중에서 좀 더 근원에 가까운 원인은 운동부족이 아니고 많이 먹는 거예요.

인간의 모든 문제는 먹는 데서 시작되었어요. 인간이 에덴 동산에서 쫓겨난 것은 먹는 문제 때문이지 운동부족으로 쫓겨난 것이 아니에요.

인간은 생명나무를 먹지 않고 선악과를 먹었어요. 주님을 먹지 않고 세상을 먹었어요. 심장에 주님을 채우지 않고 인간으로 채우고 세상으로 채웠어요. 그러므로 먹는 것, 받아들이는 것이 문제의 시작입니다. 운동, 움직임은 열매이고 결과입니다. 먹었기 때문에 화장실에 가는 움직임이 나오는 것이지 화장실에 먼저 가니까 나중에 음식을 먹는 것이 아니에요.

주님이 이 땅에 오셔서 구원과 회복의 사역을 시작하셨을 때 금식으로부터 시작하셨지 조깅으로부터 시작하지 않으셨어요. 문제가 먹는 것에서 시작되었기 때문에 먹는 문제의 처리로부터 사역을 시작하셨어요. 문제는 식탐이지 운동부족이 아니에요.

운동에 대해서, 먹는 문제에 대해서도 할 말이 많아요. 하지만 자세하게 이야기하려면 책 한권이 필요하겠죠. 그러니 여기서는 근원적인 이야기만 간단하게 터치하고 싶어요. 그것은 비만의 문제, 탐식의 근본 원인은 심령의 상태에서 오는 것이며 심장의 슬픔, 고통이라는 것이에요.

내 심장, 내 영혼을 회복시키고 치유하는 데서 이 문제의 해결이 시작된다는 것을 이해해야 해요.

문제를 가지고 있는 이들에게 비난을 퍼붓는 사람들이 있어요. 꾸짖는 사람들이 있어요. 그것은 치유에 전혀 도움이 되지 않아요. 게을러서 안 움직이지, 의지가 약하니까 그렇지.. 이런 식으로 꾸짖는 이들이 있어요.

그런데 남들이 그렇게 판단하는 것은 어쩔 수 없다고 쳐도, 본인 스스로도 그런 식으로 자기 정죄에 빠지는 이들이 많아요. 그건 참 곤란한 일이죠.

어떤 사람이 죄를 지었다고 해요. 그런데 그 사람을 비난하면 그 사람이 죄에서 해방될까요? 오늘날 문제가 있는 사람들을 무섭게 꾸짖고 경고하면 그들이 변화될 것이라고 믿는 이들이 너무 많아요.

습관적인 죄에 빠진 사람들을 엄히 꾸짖고 심판이 두렵지 않느냐고 겁을 주면 그들이 해방될까요? 병든 사람을 채찍으로 때리면 그는 뛰어 일어나 걸을까요? 배고픈 사람을 때리면 그가 배부르게 될까요?

잠시 억지로 회복된 것처럼 보일 수는 있어요. 형벌에 대한 공포 때문에 놀라서 일어날 수도 있을 거예요. 그러나 그러한 식의 해결책은 오래 가지 않아요. 잠시 긴장해서 죄를 누를 수는 있지만 계속 긴장하면서 살 수는 없어요. 그들은 곧 다시 죄에 빠지게 되어요.

그러므로 억지로 죄를 누르지 말고 근원의 프로그램을 바꾸어야 해요. 문제의 핵심을 이해해야 해요. 어디서 죄가 시작되고 문제의 근원은 무엇이고, 어떻게 해결할 수 있고.. 그런 식으로 근본적인 이해와 처방과 적용이 있어야 해요. 사람들은 대부분 몰라서 넘어지고 헤매는 것이니까요.

그렇기 때문에 넘어지고 헤매는 자신을 불쌍하게 여겨야지 자책해서는 안 돼요. 죄나 나쁜 습관을 끊기 위한 투쟁을 하면서 자학하거나 자책하는 사람들이 많은데 그것은 사람을 비참하게 만들 뿐 절대 자유롭게 할 수가 없어요.

이를 악물고, 내가 무슨 일이 있더라도 이 죄를 이기겠나고 하는 사람들, 머리칼을 쥐어뜯으며 씨름하는 이들은 반드시 다시 그 죄를 짓게 되어요.

해방은 안식에서 오는 것이고 편안함에서 오는 것이지 긴장에서 오지 않아요. 이를 악물고 밤을 새면서 수학을 정복하겠다고 하는 이들은 반드시 시험을 망치게 되어 있어요.

그래서 어떤 죄를 끊겠다고 금식하고 결단하고.. 난리를 치는 이들이 승리할 것을 저는 별로 기대하지 않아요. 그들은 전투의 원리를 잘 모르고 싸우는 것과 같으니까요..

세상에, 억지로 해서 잘 되는 것은 별로 없어요. 내가 죽는 한이 있더라도, 어떤 일이 있어도 다시는 하지 않겠다고, 결심하는 이들은 대부분 다시 반복하게 되어요.

베드로가 말하기를 "내가 죽을지언정.. 주님을 부인하지 않겠습니다.." 단호하게 말한 다음에 어떻게 했죠? 아주 곱빼기로 세 번이나 부인했어요. 죽기는 고사하고 그 근처에도 안 갔는데도, 조그만 여자애가 물었는데도 아주 겁을 먹고는 부인하고 저주하고 난리가 났죠. 열심히 눈을 부릅뜨고 결심하는 이들은 다들 비슷한 열매를 맺어요. 주님을 의뢰하지 않고 자기 결심을 의뢰하는 이들은 그 상황에서 벗어날 수 없어요. 구원과 해방은 좀 더 높은 곳에서 오는 것이에요.

움직이기 싫어하는 것은 악한 것이 아니고 아픈 거예요. 게으른 것이 아니고 아픈 거예요. 병아리를 키울 때 보면 건강한 애들은 빨리 움직이고 놀죠. 하지만 아픈 애들은 꼬박꼬박 졸아요. 그 병아리를 군기 빠졌다고 뺑뺑이를 돌리면 건강해질까요? 아니요. 오히려 빨리 죽어요.

겉보기에 살이 많으니까 건강한 것 같지만, 그런 분들은 속이 여리고 약해요. 속이 아프고 무기력한 분들이 많아요. 속이 아프니까 의욕이 없어요. 즐거움이 없고 의욕이 없으면 사람은 움직이는 것이 어려워요. 그러니까 이해와 용서가 사람을 회복시키지 다그치고 때리는 것이 사람을 일으키지 못해요. 힘이 없는 사람에게는 힘과 용기를 공급해야지 힘이 없다고 빌빌거린다고 다그쳐서는 안 돼요.

남들은 몰라서 그런다고 쳐요. 자기까지 자신을 정죄해서는 안 돼요. 자기는 자신에게 힘을 주어야 해요. 자기 속의 영혼에게 용기를 주고 위로를 주어야 해요.

이야기를 간단하게 마무리할게요. 요점은 탐식과 비만의 문제가 위장의 문제가 아니고 심장이라는 거예요. 그는 위장이 빈 것이 아니고 심장이 빈 것이에요. 그는 심장에 채움을 받아야 하는데 심장을 채우지 않고 위장을 채우고 있어요.

심장을 채우면 위장의 탐식이 사라지게 되어요. 가슴에 만족이 오게 되면 필요한 이상의 음식은 끌리지 않게 되어요. 먹으려고 해도 불편해서 못 먹게 되죠.

가슴에 감각이 생기면 위장도 제 기능을 찾아가게 되어 있어요. 인간은 고급한 만족을 경험하면 저급한 만족을 구하지 않아요. 저급한 욕망에 빠져 있는 것은 고급한 욕망, 영의 충족을 경험하지 못했기 때문이에요.

사랑을 가득 경험한 사람이 불량한 사람의 유혹에 넘어가지는 않아요. 그러나 학대 속에서 매몰찬 분위기 속에서 자라고 너무나 외로운 사람은 어떤 악한 사람이 그를 조금만 친절하게 대해주면 바로 유혹에 넘어가게 되어요. 처녀들은 순결을 쉽게 잃어버리게 되죠. 자기가 아름답고 귀한 존재라는 사실을 배운 적이 없는 여자아이들은 애정을 받기 위해서 쉽게 자기 몸을 버리기도 해요. 너무 비참한 일이죠.

배고프면 불량음식에 빠질 수 있어요. 배부른 사람이 불량 음식을 먹을까요? 아니면 영양실조로 극도로 배고픈 사람이 그러한 유혹에 넘어갈까요? 대답은 보나마나죠. 그러니 나쁜 음식을 억지로 빼앗는 것보다 진정한 음식을 공급하는 것이 근원적인 해결책인 거예요.

많이 먹는 것은 단순히 육적인 문제가 아니에요. 그것은 영적으로도 많은 증상을 가져다주어요. 필요이상의 음식을 먹으면 그것이 자라서 질병이 되기도 하고 육신의 정욕을 일으키기도 해요. 그래서 성욕도 왕성해질 수 있어요. 몸이 있는 곳에 영혼이 있듯이 쓸데없는 살이 있는 곳에는 쓸데없는 생각, 쓸데없는 욕망, 쓸데없는 충동, 영, 질병, 증상들이 따라다녀요.

그 중에 하나가 이성에 대한, 애정에 대한 욕망이 더 강하게 일어나는 것이죠. 그런데 음식을 많이 먹어서 비만 상태가 되면 고유의 성적 특징이 약해져요. 그래서 본인은 이성을 갈구하지만 이성이 보았을 때는 그가 이성으로 보이지 않고 동성으로 보이게 되요.

예를 들어서 비만한 여성은 남자들이 보았을 때 여성으로 느껴지지 않고 친구같이 느껴져요. 고민을 털어놓을 수는 있고 우정을 나눌 수는 있지만 이성으로 느껴지지는 않게 되어요.

날씬하고 외모가 아름다운 여성들은 이성에 대해서 그다지 관심이 없는 경향이 많이 있어요. 이들은 사귐을 가져도 사랑에 빠지기 보다는 남자를 종으로 부리는 것을 즐기는 편이죠.. 이들은 관계 중심 보다는 행동 에너지가 많기 때문에 하고 싶은 일이 많고, 사람과 사귀다가 헤어져도 상처를 그다지 많이 받지 않아요.

반면에 탐식과 비만의 상태인 여성들은 관계중심인 경향이 많고, 이성과 애정을 원하지만 찾기 어렵기 때문에 우울해지게 되고 어떤 기회가 생길 때 집착에 빠지기 쉽죠. 기대와 설렘, 그리고 실망과 상처.. 그리고 낙담과 포기.. 다시 작은 희망.. 그러한 과정들을 수도 없이 겪게 되어요.. 모든 사람들이 그렇다는 것은 아니고 그러한 경향이 많다는 것이에요.

탐식과 비만은 그 외에도 아주 많은 문제를 가져와요. 그것은 영의 감각을 둔하게 하기 때문에 은사적인 경험은 많이 해도, 몸이 뜨겁고 불이 붙고 음성을 듣고.. 하는 몸에 임하는 현상은 많이 겪어도 심령 깊은 곳에 임하시는 주님의 터치를 잘 알기 어려워요.

영이 둔하기 때문에 반대로 자아의 감각이 아주 예민해져서 사소한 일에 깊이 상심하고 상처를 받고 소심하고 바깥의 사람들은 잘 모르지만 본인 자신은 감정의 기복이 극단적으로 심해지게 되어요.

살이 많은 이들은 정이 아주 많아서 섬기는 것과 희생하는 것과 베푸는 것을 좋아하는데, 정작 사람들에게는 무시를 많이 당하고 자기가 한 만큼의 보답을 거의 받지 못해요. 그러한 것들이 나중에 깊은 상실감으로 다가오기도 하죠.

그 외에도 사소한 취미에 극단적으로 집착하게 되기도 해요. 먹는 문제는 정말 많은 문제를 가져다주는 것이죠.

탐식이나 비만은 아닌데, 비슷한 증상을 가진 분들이 있죠. 전혀 살찌지 않았는데 항상 자기는 살이 쪘다고 하고 주위 사람들에게 자기가 뚱뚱하지 않느냐고 물으면서 음식을 피하는 사람들이요.. 주로 여성들이 많이 그렇죠..

이것은 비만은 아니지만 그 영의 상태는 비슷한 거죠.. 외모는 비만이 아니지만 그 마음이 비만 상태에 있는 거죠.. 이것도 그 심령의 상태는 비슷해요.. 자신감의 부족, 공허감, 슬픔, 애정 결핍감.. 역시 속이 텅 비어져 있는 거예요.

또 이야기가 길어졌네요. 아무튼 탐식과 비만에 대한 저의 처방을 간단하게 이야기하고 싶어요. 이 증상으로 시달리는 분들이 있으면 이것을 잘 이해해서 실제로 적용했으면 좋겠어요.

첫째, 문제가 자기의 심장, 영혼에 있다는 사실을 이해해야 해요. 자기 안에 많은 슬픔과 고통, 외로움이 있다는 것을 이해해야 해요. 그리고 그 심장의 중심은 오직 주님만이 채우실 수 있다는 사실을 이해해야 해요. 지금껏 그 심장, 영혼의 중심에 사람의 애정을 넣으려고 했던 것에 대해서 주님께 죄송하다고 고백해야 해요.

외로운 사람, 슬픈 사람들은 이것을 깨달아야 해요. 우리가 삶에서 겪는 아픔과 고통들은 대부분 우리가 주님께 했던 일이라는 것이죠. 사람에게 배신을 당한 사람은 자기가 그 일을 당하기 전에 먼저 주님을 배신한 적이 있다는 것을 기억해야 해요. 외로운 사람은 자기가 먼저 주님을 외롭게 했다는 것을 알아야 해요.

주님께 나아가서 "주님. 외로워요.." 하고 말하면 주님은 "네가 지금까지 얼마나 나를 외롭게 했는지.. 얼마나 오랫동안 내가 너를 짝사랑하고 있었는지.. 너는 알고 있니?" 하실 거예요.

주님께 나아가세요. 그리고 심장에 집중하세요. 심장에 가득한 슬픔과 외로움을 피하지 마세요. 거기에 직면해야 해요. 도피하고 있으면 문제는 그대로 있고 세월만 낭비하게 되요.

심장에 집중한 채로 주님께 고백하세요. "주님.. 죄송해요. 죄송해요.. 주님.. 제가 주님이 아닌 다른 것으로 여기를 채우려고 했어요. 주님. 죄송해요.. 주님만이 저를 채워주실 수 있어요.. 그러니 주님.. 저를 채워주세요.. 오직 제 안에 주님이 가득하시기를 원해요.."

그렇게 계속 반복해서 고백하세요.

눈물이 나면 울어도 되요. 가슴에 가득히 쌓인 아픈 것들을 다 내보내야 해요. 막혀 있는 것들, 억압하고 있는 것들이 시냇물이 흐르듯.. 다 흘러나가야 해요..

둘째, 자기의 영혼에게, 심장에게 이야기하세요. 심장에 집중하고 이야기하세요. 시편에 보면 시편 저자가 영혼과 대화하는 내용이 많이 나오죠? "찬양하라. 내 영혼아, 깨어라 나의 영혼아, 내 영혼아.. 어찌하여 낙망하며 어찌하여 불안하여 하는고.. 너는 잠잠히 하나님을 바라라.." 그런 말씀이 많이 나와요. 시편의 저자와 같이 영혼과 대화를 해야 해요.

사람의 영혼은 심장에 있어요. 그러니 심장에 집중을 하고 조용히 말하세요..

"내 영혼아.. 주님이 너를 사랑하신다. 그분이 너를 눈동자처럼 지키신다. 너는 내 것이라고 하신다. 내가 너를 지명하여 불렀다고 하신다. 그분이 너의 앉고 일어섬을 아신다고 하신다. 영혼아.. 주님이 너를 사랑하신다. 영원히 떠나지 않는다고 하신다.."

그렇게 계속 들려주세요.. 심장은 그러한 말씀을 받게 되면 감격하고 울어요. 왜냐하면 사람은 떡으로 살지 않고 하나님의 말씀으로 살게 되어있기 때문이죠. 그러니 오래 굶주리다가 자기에게 필요한 양식을 먹으면 심장은 감격하게 되어 있어요. 심장이 곧 영혼이니까요.

그리고 그동안 심장을 돌보지 못했던 미안함을 표현하세요. 화초를 키울 때도 애정과 관심을 가지면 화초가 아름답게 잘 자라죠. 그러나 관심을 갖지 않고 제대로 보살피지 않으면 화초는 말라죽어가게 되어요. 심장도 마찬가지죠. 잘 돌보아주고 말씀을 먹여야 해요..

말씀을 읽고 QT를 하고 이해한다고 해서 심장이 말씀을 먹는 것이 아니에요. 말씀은 머리가 먹는 것이 아니고 심장이 먹는 거예요. 머리는 먹고 소화하는 기능이 없어요. 이해하는 기능밖에 없어요. 그러니 머리에 아무리 많은 지식을 채워도, 아무리 깊은 진리를 깨달아도 삶은 변화되지 않아요.

그러므로 심장에게 말씀을 들려주어야 해요.. 그의 반응을 살펴야 해요.. 그런데 그동안 심장을 의식하지 않고 심장의 소리, 영혼의 소리를 듣지 않고 생각과 충동에 따라 살았던 삶에 대해서 사과를 해야 해요.

"나의 영혼아.. 미안해.. 그 동안 너를 너무나 오래 동안 외롭게 했어.. 미안하다.. 하지만 나는 정말 너를 사랑하고 있어.." 그렇게 반복해서 이야기를 들려주어야 해요..

"미안해.. 내가 너를 정죄했어.. 너를 다그치기만 했어.. 나는 너를 좋아하지 않았어.. 너를 많이 학대했구나.. 용서해줘.. 이제는 그렇게 하지 않을 거야.. 너는 아름다운 사람이고 나의 친구야.." 그렇게 이야기를 해야 해요.. "네 안에 슬픔이 많구나.. 하지만 이제는 슬퍼하지 마.. 주님이 너를 사랑하신단다.. 나도 너를 사랑해.. 괜찮아.. 괜찮아.. 이제 걱정하지 마.." 그렇게 계속 이야기를 해야 해요.

그러다보면 심장에서 고통이 심하게 느껴지기도 하고 눈물이 흐르기도 해요.. 심장은 내 안에 있으면서도, 겉사람의 나와는 다른 속사람의 나, 진정한 나이면서도 우리는 전혀 이 존재를 의식하지 않고 살았다는 것을 알게 되죠. 지금까지 진정한 나를 내버려두고 거짓 나, 껍데기인 나를 진정한 나인줄 알고 살았던 거예요.

기도와 대화가 계속되면 심장이 차츰 평안을 경험하고 기쁨을 느끼기도 하는데 그것은 바로 회복의 신호죠. 계속 그렇게 기도와 대화를 반복하세요. 속에서 뭔가 감동이 일어나기 시작해요. 아마 슬픔과 고통과 고독이 더 심하게 일어날 수도 있어요.

그것은 영혼이 깨어나는 표식이에요. 영혼은 오랜 세월동안 억압되어 있었기 때문에 깨어나게 되면 많이 아파요. 하지만 그 고통을 피하지 않고 느끼고 있으면 서서히 그것들은 사라지기 시작해요.

서서히 심장은 기쁨과 평안함을 느끼게 되죠. 심장이 회복되면 모든 것이 다 변화되기 시작해요. 삶이 새롭게 되는 것이죠.

사랑이 일어나고 기쁨이 일어나고 감사가 일어나요. 세상이 아름답게 보이고 가까운 사람들, 세상의 모든 사람들, 모든 것들이 아름답고 사랑스럽게 보이기 시작해요. 심지어 자기를 욕하고 공격하던 사람들도 사랑스럽게 보이기 시작해요. 인생이, 삶이.. 즐겁고 행복한 것으로 여겨지기 시작해요.

가슴이 달콤하고 행복감이 느껴지기 시작해요.. 아침에 일어나면 그날 있을 하루의 삶에 대한 기대와 희망으로 가슴이 설레게 되어요. 그러한 것들이 심장이, 영혼이 깨어날 때 일어나는 변화들이에요.

우리 모임에서는 각 자의 심장, 각 자의 영혼에게 이름을 붙여주고 자주 대화를 하고 격려하도록 권하고 있어요. [사랑둥이]라고 붙인 사람도 있고 [순종]이라고 붙인 사람도 있고 순결, 아름다움.. 용기.. 그런 식으로 붙인 사람들도 있는 것 같아요.

오랫동안 그들과 대화를 하고 말씀을 먹이면서 이들은 많은 변화와 자유를 경험하는 것을 보았어요. 그것은 속사람을 아름답게 하고 풍성하게 만들어요.

우리는 "주여.." 하고 주의 이름을 부르고 또한 "내 영혼아.." 하고 자기 영혼을 불러 격려해야 해요. 마귀가 역사할 때는 "귀신아! 사탄아!" 하고 대적하고 쫓아야 해요. 주의 이름을 불러 높이고 악한 영을 불러서 숨어있는 것을 드러나게 하고 쫓아내며 내 영혼을 불러서 말씀을 먹이고 강건하게 해야 해요.

대부분의 사람들에게 심장은 전혀 돌보지 않은 황폐한 밭과 같아서 순식간에, 짧은 시간에 급격한 회복이 이루어지지는 않아요. 평생, 몇 십년간 입은 상처가 며칠 만에 치유가 되지는 않아요. 하지만 포기하지 않고 계속 기도하고 시도한다면 서서히 심장이 일어나는 것을, 마비된 영혼의 감각이 깨어나는 것을 경험하게 되어요.

그렇게 영이 회복될 때 주님을 느끼는 감각도 증가하죠. 하나님은 영이시기 때문에 몸의 감각이나 머리의 감각으로는 느낄 수 없고, 심장.. 심령의 감각이 깨어나게 되면 서서히 그 살아계신 임재의 기쁨을 알아가기 시작하게 되어요.

심장, 영을 회복하는 것이 이런 단순한 몇 가지의 방법으로 갑자기 되는 것은 아니에요. 다양한 기도와 말씀, 깨닫고 적용해야 할 여러 원리들이 있죠. 하지만 이런 단순한 기도를 통해서도 영의 감각, 심장의 감각은 어느 정도 깨어날 수 있어요.

이렇게 가슴의 슬픔과 고통이 어느 정도 치유되면 더 이상 음식이 끌리지 않게 되어요. 심장의 감각이 살아나면 위장의 감각도 같이 살아나기 때문에 필요 이상의 음식은 불편해서 먹을 수가 없어요.

이렇게 심장을 회복시키는 것, 그것을 통해 탐식과 비만의 문제 뿐 아니라 다른 잘못된 습관들이나 끊지 못하는 습관적인 죄들도 사라지게 되어요. 포르노나 음란을 즐기는 것, 충동적인 혈기, 우울증, 두려움.. 그러한 증상들도 결국 원인은 다 심장, 영혼에서 시작되는 것이니까요. 그러므로 심장의 회복은 대부분의 묶임이나 잘못된 죄의 습관을 회복시키는 역사를 일으키는 것이죠.

자기 부인에 대한 오해가 많이 있어요. 자기 소원, 모든 욕망을 다 거절하고 사는 것을 자기 부인이라고 여기는 이들도 있어요. 그래서 기쁨이 없이 창백하고 어둡게 살면서 그것을 진정한 신앙으로 생각하는 이들도 있어요. 그것은 참으로 오해죠.

겉사람의 나, 육욕적인 나, 이기심이 가득한 자아는 당연히 부정해야 해요. 하지만 내 속사람, 나의 영혼, 나의 본질.. 하나님의 형상으로 만들어진 내 존재 자체를 부정해서는 안돼요. 우리는 속사람, 심령을 통하여 모든 사람과 서로 연결되어 있어요. 그러므로 자기의 속사람을 부정하는 사람은 결코 남을 사랑할 수 없어요.

우리는 육중심의 가치관, 육중심의 삶을 부인해야 하지 육체,

몸 자체를 부정해서는 안 돼요. 우리의 몸, 우리의 지체는 아름답고 귀한 주님의 성전이며 도구에요.

그러므로 우리의 몸을 사랑해야 해요. 네 이웃을 네 몸과 같이 사랑하라는 말씀을 지키려면 내 몸에 대한 애정이 전제되어야 해요. 내 몸을 미워하는 사람이 이웃을 사랑할 수는 없어요.

탐식과 비만에 대해서 전문가도 아닌 제가 이런 이야기를 하는 이유는 이런 면도 있어요. 모든 문제들이 다 그렇겠지만, 탐식이나 비만은 영적인 문제인데 그것을 건강이나 외적인 문제로만 생각하고 외적인 문제 해결에 치우쳐서, 도움이 된다고 하기만 하면 어떤 방식이든 무분별하게 추종을 하는 신자들이 더러 있기 때문이에요.

살을 빼기 위해서 요가와 같은 이상한 운동, 기 훈련, 명상과 같은 어두움의 영이 침투하기 딱 좋은 것을 따라 하기도 하고, 헬스장에 가서 온갖 요란하고 이상한, 영혼에 해가 되는 음악을 들으며 땀을 흘리기도 하고.. 몸을 망치는 이상한 약과 같은 것을 복용하기도 하고.. 그런 일들이 많이 있기 때문이에요.

심지어 명상원에 가서 살을 빼는 사람도 있다고 해요. 뉴에이지적인 분위기의 단식원에 가는 사람도 있다고 해요. 정말 끔찍한 일이죠. 외모를 위해서 영혼을 버린다면 그것처럼 무서운 일은 없겠지요.

그리스도인들은 언제 어디서 어떤 문제가 있다고 해도 반드시 주님께 속한 방법으로 해결을 찾아야 해요. 방법도 시도하지만 기도하면서 주님이 보시기에 합당한 것인가, 그리스도인에게 합당한 것인가를 주의하면서 시도해야 해요.

특히 살빼기와 같은 것은 그 과정에서 몸이 쇠약한 상태가 될 수 있기 때문에 영적으로 많이 예민해지고 영의 출입에 많은 영향을 받을 수가 있는데, 살은 빼는 데는 성공했지만 그 과정에서 이상하고 혼미한 영들이 많이 들어올 수 있어요. 외모가 개선되는 대가로 다른 영들을 많이 받는다면, 그래서 주님이 아닌 다른 것으로 가득 차게 되었다면, 그것이 해방일까요? 절대로 아니죠.

그러므로 살을 빼든 어떤 목표를 가지든 간에 항상 그것으로 인하여 주님과 가까워지는 방식을 찾아야 해요. 절식을 하면서 주님과 동행하며 더 가까워지고, 연애를 하면서 주님과 동행하며 더 가까워지고, 시험을 준비하면서 주님과 더 가까워지고.. 그것이 바른 그리스도인의 삶이라고 할 수 있어요.

영이 열리고 심장이 회복되면 공부에도, 직장 일에도, 대인관계에도.. 많은 면에서 풍성함과 아름다움과 지혜가 나타나게 되어요. 사랑하게 되고 감사하게 되고 축복하게 되고 기뻐하게 되어요. 깨어진 관계들이 회복되고 용서와 사랑의 관계가 이루어지게 되어요. 인생을 즐기게 되어요. 그러니 영이 발전해갈수록 삶의 모든 장면에서 주님을 누리고 아름다운 열매를 맺을 수 있게 되는 것이죠.

이것을 꼭 기억하세요. 주님을 믿고 알아가는 믿음의 삶은 아름답고 황홀하고 거룩함과 행복과 기쁨이 가득한 삶이라는 것을요. 그것은 세상이 추구하고 세상이 좋아하는 삶과는 달라요. 하지만 분명히 놀랍고 영광스러운 삶이에요. 목숨도 아까워하지 않고 포기할 수 있을 정도로 놀라운 삶이에요.

육신에 속한 자들에게는 그것이 감추어져 있어요. 신령한 삶은 가치를 아는 이들에게만 열려지는 것이에요. 하나님의 눈은 온 땅을 두루 감찰하시고 전심으로 그분을 향하는 자에게 은총과 능력을 베푸시고 있어요.

비록 그 영광스러운 삶이 밭에 감추인 보화처럼 감추어져 있기는 하지만 그 가치를 아는 사람은 전 재산, 목숨을 바쳐서 그 주님을 따르고 싶어하게 되어요.

심령이 열리고 주님의 실제를 누리고 경험하여 나아가는 그리스도인의 삶은, 세상이 알 수도 없고 세상이 감당할 수 없어요. 우리는 그러한 신앙, 그러한 기독교를 추구해야 해요.

탐식과 비만에 대한 이야기를 짧게 몇 마디 하려고 했는데 또 길어졌군요. 잠간 흥분했나 봐요. 아무튼 탐식의 증상은 심장, 영혼의 슬픔과 공허에서 온다는 것, 그 외 대부분의 증상도 영혼의 상태에서 온다는 것을 기억해두세요.

그러므로 우리의 영혼이 회복되어 그의 임재 안에서 기쁨과 사랑의 교제가 이루어지고 충전이 될 때 더 이상 음식이나 사람의 애정이나 게임이나 TV드라마나 다른 것들로 목말라하고 채우려하지 않게 될 것입니다.

그리고 더욱 더 주님의 충만함을 입고 사랑 안에서 새롭게 되어 이 땅에 목말라 하는 많은 이들에게 신선한 빛과 기쁨의 향기를 나누어줄 수 있는 통로가 될 수 있을 거예요. 우리 모두가 그러한 사람들이 될 수 있기를, 되기를 간절히 바라고 소망합니다.

주님은 여러분을 사랑하십니다. 자책하지 마세요. 스스로 학대하지 마세요. 스스로 형벌을 짊어지고 살지 마세요. 그래서는 승리와 자유를 얻을 수 없어요.

주님은 여러분을 사랑하십니다. 그것을 받아들이고 믿으세요. 더 이상 주님을 고독하게 하지 마시고 당신의 심장, 당신의 지성소에 주님이 좌정하게 하세요.

당신의 심장이 주님으로 미치게 하세요. 사로잡히게 하세요.

절대로 세상 우상을 만들지 마세요. 주님 외에 다른 것을 사랑하고 다른 것을 첫째로 두고 심장에 채우면 당신은 결코 행복할 수 없어요. 그것이 바로 지옥 같은 삶이에요.

주님은 여러분을 사랑하십니다. 내가 너를 좋아한다고 말씀하십니다. 나는 못되었으니까.. 나쁜 사람이니까.. 아무도 모르는 은밀한 죄를 짓고 있으니 나는 틀렸다고, 나는 두렵다고 하지 마세요.. 다 회복될 수 있어요.

당신은 원래 못해요. 그러니 그저 "주님.. 죄송해요. 죄송해요.." 하고 나아가세요.. 그 보혈을 온 전신에 믿음으로 뒤집어

쓰세요. 주님은 이 우주 누구보다.. 바로 당신을 위해서 피를 흘리셨어요. 당신은 회복될 수 있어요. 믿고 시인하고 나아갈 때 당신은 새롭게 될 것입니다. 내일 아침에는 행복한 마음으로 눈을 뜰 수 있을 거예요.

오.. 주님.. 감사드립니다. 우리의 심령을 열어주시고 우리의 영혼에 당신의 빛으로 충만하게 하옵소서.. 우리 모두가 심장을 열고 심장에 역사하시는 주님을 받아들이게 하옵소서.. 너무나.. 너무나 감사드립니다. 주님..

여러분.. 너무나 사랑합니다. 주님이 여러분을 너무나 사랑하십니다. 좌절하지 마시고 승리하세요.

행복한 믿음의 여정을 걸어가세요. 우리는 모두 영이 깨어나 사랑하고 감사하고 기뻐하면서 살 수 있어요. 주님의 은총이 여러분들 모두에게 임하시기를 기도합니다.

감사하고 사랑합니다.

10. 2. 5

11. 문제도, 문제의 사람도 부르심이다

어제 은행에 볼일이 있어서 아내와 같이 들렀습니다. 은행에는 사람이 많이 있어서 우리는 번호표를 받아서 기다리기 시작했지요. 그런데 얼마 후에 약간의 소동이 일어나기 시작했습니다.

어떤 아저씨 (할아버지라고 해야 할 지..) 가 갑자기 마구 소리를 지르는 것이었지요. 그는 60은 넘었고 70은 안 되어 보였는데 은행원들에게 마구 고함을 치는 것이었습니다. 빨리 빨리 일을 하지 않고 왜 기다리게 하느냐고 마구 화를 내는 것입니다.

그의 옆자리에는 부인으로 보이는 아주머니가 계셨는데 그녀는 남편의 행동으로 인하여 몹시 난처하고 화가 난 것 같았습니다. 그녀는 남편을 제발 조용히 하라고 하면서 제지했지만 남편은 오히려 더 화를 내고 있었습니다.

점심시간이라 창구의 여섯 개 좌석에 세 자리는 비어 있었고 직원 세 명만이 업무를 보고 있었습니다. 그래서 대기하는 사람들이 잘 줄어들지 않으니 아저씨는 더 화가 난 모양이었습니다.

그는 부지점장으로 보이는 나이 지긋한 분에게도 심한 욕설을 퍼부었습니다.

그분도 난처한 표정으로 대답을 못하고 있었고 아주머니는

"제발 좀 그만 해요.. 내 체면 좀 생각해줘요, 에이구.. 웬수야, 웬수.." 하고 있었고 아저씨는 "뭘 그만 해? 이것들이 지금 뭐하고 있는 거야? 바쁜 사람들을 데리고 지금 뭐하는 거야?" 그런 식으로 계속 소리를 지르고 있었습니다.

대기하고 있는 손님들이 여기저기서 불쾌한 표정으로 그 아저씨를 째려보았지만 항의를 하는 사람은 없었습니다. 창구 직원들도 그 엄청나게 큰 욕설이 들리지 않을 리는 만무하고 그저 못들은 척하고 일을 계속 하고 있었지요.

시간이 흐르면서 조금 소리가 작아지기는 했지만 아저씨의 강짜는 계속 되었고 아주머니의 탄식과 설득은 여전히 계속 되고 있었습니다.

"저 분들도 다 바빠요. 지금 열심히 하고 있는데 왜 그래요? 그리고 점심시간에 밥 먹으러 갔는데, 아니 밥도 못 먹어요? 다 먹고 살자고 하는 건데.. 그걸 욕하면 어떡해요?"

아주머니의 말은 논리적이고 틀린 것이 없었지만 그녀의 설득은 전혀 먹혀 들어가지 않았고 아저씨는 계속 투덜거렸습니다. 그래도 비교적 다행인 것은 아저씨에게 아주머니가 계속 설득을 하고 핀잔을 하는데 아저씨가 입으로만 화를 낼 뿐 폭력을 행사할 기미는 보이지 않는 것이었습니다.

저는 무엇을 하고 있었느냐고요? 뭐 뻔하지요. 기도를 하고 있었습니다.

'주님. 죄송합니다. 저의 잘못입니다. 저의 책임입니다. 용서

해주십시오. 저 아저씨를 불쌍히 여겨주세요. 저의 죄입니다..'
계속 그렇게 중보를 하고 있었습니다.

제 눈에 띈 죄들은 다 나의 죄이며 내가 기도해야 하는 문제라고 여기기 때문입니다. 하루 종일 그 문제를 가지고 기도를 할 수는 없지만, 적어도 그 자리를 떠나기 전까지는 기도해야 하는 것입니다.

전에 은행에서 비슷한 일을 겪은 적이 있었습니다. 어떤 청년이 핸드폰으로 친구와 통화를 하면서 욕설을 심하게 뱉으며 은행이 떠나가라 화를 내고 있었는데, 그 때는 결박 기도가 필요한 것 같아서 잠시 악한 영을 결박했더니 불과 2-3분 정도가 지났을까, 얼마 되지 않아서 이 청년의 기분이 좋아져서 친구와 부드럽게 웃으면서 통화를 마치는 것을 본 적이 있습니다.

그러나 어제의 느낌은 달랐습니다. 전의 그 청년은 순간적으로 나쁜 영에 잡혀서 화가 난 것 같아서 잠시 그 영을 결박하면 될 것 같았으나 이 아저씨, 할아버지는 순간의 분노가 아니었습니다.

그 분노는 그분의 인생 전체에서 형성된 것이며 비슷한 상황이 계속 반복되는 것 같이 보였습니다.

옆에 있는 아주머니는 아저씨를 설득하면서 연신 "아이구, 이 원수.. 내 팔자야.."를 되뇌고 있었습니다. "당신은 왜 당신 생각만 해? 나 창피한 것은 생각 안 해?" 하고 아주머니는 아저씨에게 핀잔을 계속 하고 있었습니다.

그러나 아저씨는 아주머니의 설득과 상관없이 계속 은행원들에게 화를 내고 있었고, 아주머니는 아저씨에게 통하든 말든 아저씨에게 핀잔을 주는 일을 꾸준히 계속 하고 있었습니다. 그들은 열심히 각자의 길을 가고 있었던 것입니다.

소리를 지르는 아저씨, 핀잔을 주는 아주머니, 가끔씩 양념처럼 이 아저씨를 쏘아보는 여러 고객들.. 그 장면에서 나는 이상하게 갑자기 [부르심] 이라는 단어가 생각이 났습니다. 사명.. 사역.. 부르심.. 그런 언어들이 계속 떠올랐습니다.

이 아저씨는 하나의 부르심이라고 할 수 있습니다. 그는 환자입니다. 그는 정상적인 사고를 하는 사람이 아닙니다. 지금 그에게는 논리가 필요한 것이 아닙니다. 다만 이 환자를 치료해줄 의사가 필요한 것입니다.

은행에서 이 아저씨를 많은 사람이 보았습니다. 하지만 이 아저씨를 골칫덩이라고만 여길 뿐 아무도 이 아저씨를 치유하고 싶은 사람은 없는 것 같았습니다.

아마 이 아저씨의 평생에 그러했을 것입니다. 치유자가 있었으면 계속 저렇게 환자의 상태에 있지는 않았을 테니까요..

이 아저씨의 주위에 많은 사람들이 있었을 것입니다. 그들에게 이 아저씨는 부르심입니다. 치유에 대한 부르심입니다.

그리고 그 부르심은 사랑으로 반응함으로써, 그를 불쌍히 여김으로써, 아저씨의 잘못을 내 죄라고 여기는 사람을 통해서 응답되는 것입니다.

그런데 이 아저씨라는 부르심에 응답한 이는 아직까지 없는 것 같았습니다.

이성적인 사고를 하지 못하는 사람은 환자입니다. 그는 지금 분노에 사로잡혀 있는데 사실 그것은 처음 있는 일이 아니었을 것입니다. 그는 전혀 논리적으로 화가 날 상황이 아닌데도 그저 자기 입장만 생각하고 화를 폭발시켰습니다.

옆에 있는 아주머니는 그런 일을 한두 번 당한 것이 아니었을 것입니다. 그러니 "웬수야, 웬수.." 라는 말을 거듭 반복했을 것입니다.

이분에게 논리적으로 합리적으로 설명을 하는 것은 아무 소용이 없는 일이었습니다. 그는 사실 은행원에게 화가 난 것이 아니기 때문입니다.

그의 분노의 대상은 부모일지도 모릅니다. 부모는 그를 학대했을지도 모릅니다. 아버지는 그의 이야기를 듣지 않고 일방적으로 호통을 쳤을지도 모릅니다. 선생님일지도 모릅니다. 또는 오래 전에 연락을 끊어버린 아들일지도 모릅니다.

분명한 사실은 그에게 분노가 쌓여져 있다는 것입니다. 아마 그는 진정한 대화, 서로의 언어에 진지하게 귀를 기울이며 마음을 주고받는 대화를 제대로 해본 적이 없었을 것입니다. 항상 일방적인 주장만 서로 주고받으면서 살아왔겠지요.

어떤 일에 전혀 합리적이지 않은 분노나 반응이 있을 때 그것은 지금의 현재 상황에 관계된 것이 아닙니다. 그것은 그의 안에 전부터 있던 감정이 나온 것입니다. 그러므로 문제를 그의 내면에서 찾아야지 현재 상황에서 찾으면 안 됩니다.

예를 들어서 어떤 사람이 지나가다가 다른 사람에게 발을 밟았다고 그의 발을 밟은 사람을 죽이려고 한다면, 그가 단순히 발이 밟힌 일 때문에 상대방을 죽이려고 하는 것이겠습니까?

물론 그럴 리는 없습니다. 발이 밟히기 전부터 그의 속에는 지독한 분노가 쌓여 있었던 것입니다. 그처럼 문제는 항상 사람의 내면에 있는 것입니다. 환경이나 다른 사람은 그림자일 뿐입니다.

그의 문제는 무엇일까요? 그의 분노의 시작은 어디에서부터일까요? 그것을 아는 것은 어려운 일이 아닙니다. 누군가 그를 불쌍히 여기는 사람이 있다면, 친절하고 따뜻한 자세로 그의 이야기를 들어준다면 그는 그것을 쏟아 부을 것이기 때문입니다.

나는 겉으로 보기에는 아주 험상궂고 사나운 사람일수록 부드럽게 대해주면 마음을 열고 눈물을 흘리며 마음의 중심을 털어놓는 것을 경험하곤 했습니다.

사랑해주는 사람이 있다면, 거칠고 사나운 사람을 다루는 것은 어려운 일이 아닙니다. 하지만 문제는 바로 그것입니다. 사랑하고 불쌍히 여겨주는 사람을 거의 찾아보기 어렵다는 것입니다.

이 아저씨가 부르심이라면, 그 부르심은 가장 먼저 누구에게 주어진 것일까요? 물론 아저씨의 부인인 아주머니일 것입니다.

하지만 아주머니는 그 부르심에 제대로 응답한 것 같지 않았습니다. 아주머니는 아저씨가 전혀 불쌍해 보이는 것 같지 않았습니다.

그녀의 관심은 자기에게 있었습니다. 당신이 소리를 지르니까 내가 창피하고 내 입장이 난처하다는 것이었습니다.

그녀의 해결책도 전혀 통하지 않는 것이었습니다. 감정적으로 상한 사람에게 이성적으로, 논리적으로 접근하고 있으니 통할 리가 없습니다.

화가 난 사람에게는 화를 가라앉혀야 합니다. 심장에 에너지가 빠져 나간 상태이기 때문에 부드럽게 사랑의 에너지를 충전해주어야 합니다. "이런.. 속이 상했군요.. 그래요.. 참 힘들죠..?" 하고 부드럽게 손을 잡아주어야 합니다.

화가 난 상태는 부드러운 에너지가 모자라서 배가 고픈 상태이기 때문에 부드러운 음식을 먹이면 배가 채워져서 곧 분이 풀리게 됩니다. 하지만 화가 난 사람에게 화를 내면 그는 더 배가 고프게 되기 때문에 상황은 더 나빠지게 됩니다.

이것은 테크닉에 속한 문제가 아닙니다. 문제는 부르심이며 사랑입니다. 우리에게 가까이 있는 모든 존재들은 사랑에 대한 부르심입니다. 사랑이 있을 때 사람은 지혜를 얻게 되며 자기에게 주어진 역할을 할 수 있게 됩니다.

문제는 자기에게 주어진 문제나 사람 앞에서 사랑으로 응답하는 이들이 거의 없다는 것입니다. 그래서 대부분의 사람들은 자기 앞에 다가오는 문제 앞에서, 사람 앞에서 투덜거립니다.
"내 팔자야. 웬수야, 웬수.."

　세상에 팔자가 좋게 태어나는 사람은 아무도 없습니다. 남들은 다 괜찮아 보이고 자기만 불행하다고 느끼는 이들이 많이 있지만 그것은 겉으로만 그렇게 보일 뿐입니다. 누구에게나 문제가 있고 부르심과 도전이 있습니다. 행복이란 그 부르심에 대해서 적절하게 반응하고 대처하는 것에서 오지 자동적으로 오는 것이 아닙니다.

　문젯거리와 고통을 주는 사람에 대해서 사랑으로 응답할 때 비로소 영혼의 만족과 기쁨이 오기 시작하는 것입니다. 그것은 환경이 주는 기쁨이 아니라 천국에서 오는 만족이며 행복입니다.

　어떤 이들은 말할 것입니다. "목사님.. 목사님이 직접 당해보세요. 그런 말이 나오나.. 사랑이 나오나.." 나는 그렇게 이야기하는 이들을 수도 없이 보았습니다.

　하지만 저는 대답할 수 있습니다. 그러한 일들을 참 많이 당해보았다고.. 살고 싶지 않을 정도의 일들, 상황들, 감당하기 어려운 사람들을 수 없이 겪어보았다고.. 하지만 그러한 부르심에 대하여 사랑으로 응답할 때 사람들이 변화되고 상황들이 바뀌는 것을 많이 보았다고..

　어떤 이들은 다시 말할 것입니다. "그거야 목사님이니까 되는 거죠. 저는 안 돼요. 저는 그 수준이 아니에요.."

저는 다시 묻고 싶습니다. 지금 살고 있는 삶에 만족하느냐고, 행복하시냐고.. 만약 그렇다면 그것으로 충분합니다. 현재의 삶에 충분히 만족하며 거기에서 계속 머물러 있고 싶다면 저는 별로 할 말이 없습니다.

하지만 지금의 삶이 만족스럽지 않고 고통스러우며, 거기에서 벗어나고 싶은 마음이 있다면 제가 가르쳐주는 단순한 방법을 따르고 시도함으로써 전혀 다른 세상이 펼쳐진다는 이야기도 드리고 싶습니다. 그러한 변화를 겪게 된 사람들을 많이 보았으니까요..

저는 신앙에 있어서 복잡한 이론이나 개념을 싫어하고 단순하고 적용하기가 쉬운 직접적인 실험을 좋아하는 편입니다. 그러므로 제가 스스로 훈련하고 경험하지 않은 것을 다른 이들에게 전하는 경우는 거의 없습니다.

그렇기 때문에 어떤 이가 직접 실험해보았을 때 좋은 결실을 얻었고 다른 이들에게 적용했는데 역시 비슷한 열매를 얻었다면 그것은 시도할 가치가 충분히 있을 것이라고 생각합니다.

모든 사람에게는 도저히 납득이 되지 않는 상황, 도저히 납득이 되지 않는 행동을 하는 사람이 가까이 다가옵니다. 그리고 그것은 부르심입니다.

그 부르심에 사랑으로 응답할 때 문제는 해결되고 사람은 변화됩니다. 골칫덩이는 천사가 됩니다.

부르심에 사랑으로 응답하는 것은 골칫덩이를 불쌍히 여기는 것이며 그를 피해자로 여기는 것입니다. 그의 문제, 그의 죄를 내 죄로 여기는 것입니다.

"주님.. 용서해주세요.. 저 사람이 저 때문에 악역을 합니다. 저를 용서해주세요.. 저의 책임입니다.. 저의 죄입니다.." 이렇게 계속 기도하는 것입니다.

그렇게 할 때 마음에 기쁨이 오기 시작합니다. 후련함이 오기 시작합니다. 이상하게 이치적으로는 말이 안 되는 것 같은데 속에서 행복감이 일어나기 시작합니다. 그리고 얼마 가지 않아서 남편이, 아이가 바뀌기 시작하는 것입니다. 이것이 바로 부르심에 응답한 결과입니다. 중보의 결과인 것입니다.

안타깝게도 오늘날 현실에서 자신의 부르심에 응답하는 이들은 별로 없습니다. 모든 이들이 "내 팔자야.. 이 웬수야.."를 하면서 인생을 보냅니다. 무례한 사람을 쩨려보면서 속으로 짜증을 내고 뭐 저런 인간이 있나.. 하고 정죄를 하면서 인생을 보냅니다.

자신이 당한 일은 오직 우연일 뿐이며 저런 인간을 만난 자신은 운이 없을 뿐이고, 그러한 사건들이 부르심이라고 생각하지 않습니다.

많은 이들이 자기 남편이 얼마나 이기적인 사람인지, 못되었는지, 자기 아내 때문에 자기 인생이 얼마나 힘들어졌는지를 호소합니다. 자녀들이 얼마나 자기 속을 뒤집어 놓는지를 설명합니다. 그리고 자기를 불쌍히 여깁니다. 자기를 불쌍히 여기고 동조해주는 이를 찾고 싶어 합니다.

하지만 그럴수록 상황은 더 나빠집니다. 문제가 자기에게 있음을 보지 못하기 때문에 상황은 악화될 수밖에 없습니다.

기도를 많이 하는 사람일수록, 신앙생활에 열심인 사람일수록 자기 의에 빠져 있고 선민의식이 많이 있기 때문에 문제가 자기에게 있다는 것을 인정하려고 하지 않습니다.

성질 못되고 툭하면 폭발하고 돈 낭비하고 계획 없이 살고 개념 없고 바람을 피우고 나쁜 짓하는 남편이 문제지 기도에 힘쓰고 주님만을 사랑하며 전도에 힘쓰고 말씀을 주야로 묵상하는 자기에게 무슨 문제가 있느냐고 항변합니다.

속에 있는 악이 드러난 악보다 더 무서울 수 있다는 사실을 이들은 모릅니다. 이들은 "주님.. 저는 저 세리와 같지 않으며 큐티하고 전도하고 영성훈련 받고 제자훈련반 졸업했으며 능력과 은사가 있으며 제 남편과 같지 않음을 감사하나이다.." 하고 기도합니다.

그러한 기도가 주님께서 가장 싫어하시는 자기만족의 기도라는 사실을 모릅니다. 자기 신앙이 좋은 줄로 아는 영적 바리새인이 가장 무서운 죄라는 것을 모릅니다. 자기가 특별한 존재이며 자기에게는 특별한 부르심이 있다고 믿는 이들은 사실 많이 위험한 사람들입니다.

아무리 자기 신앙에 긍지를 가지고 있다고 하더라도 자기 곁의 사람을 사랑하지 않는다면, 문제의 사람을 불쌍히 여길 줄 모른다면, 그의 외적인 신앙경력은 실체가 아닙니다.

외적인 신앙경력은 세상에서는 인정을 받고 경력이 될 수 있지만 하늘나라에서는 그것만으로 인정받지는 못합니다. 이들은 "주님.. 뭐라고요? 제가 주님을 무시하고 돌아보지 않았다구요? 주님의 마음을 몰랐다구요? 아니 그럴 리가 없을 텐데요.." 하고 외칠 가능성이 많습니다.

깨닫지 못한 사람들은 배우자를 변화시키고 자녀를 변화시키려고 많이 기도하고 애를 씁니다. 그러나 변화되어야 할 사람은 오직 자신입니다. 부르심에 응답해야 한 사람은 바로 자신입니다. 마음에 평화가 없다면 변화되어야 할 것은 자신의 마음 상태이지 환경이 아닙니다.

자신이 변화되면 환경과 상관없이 마음에 천국이 임하고 얼마 후면 주위 사람들이 변화되기 시작합니다. 자신이 변화되지 않으면 아무도 바뀌지 않습니다.

아저씨를 보면서, 아주머니와의 언쟁을 보면서 그 아저씨의 인생이 파노라마처럼 스쳐지나가 보이는 느낌이었습니다. 아주머니와의 결혼 생활의 모습도 파노라마처럼 지나갔습니다. 답답하고, 안쓰럽고, 사랑스러웠습니다.

내가 그 아저씨를 위해서 기도하면서 내 죄를 회개하며 주님의 용서를 구하고 있는데 아내가 자리에서 일어났습니다. 그러더니 그 아주머니에게 가까이 갔습니다. 그녀의 번호표를 보여달라고 하더니 우리 것과 바꾸자고 했습니다. 우리 번호가 그들보다 조금 빨랐기 때문에 그들의 순서가 앞 당겨지게 되었습니다. 아주머니는 당연하다는 듯이 번호표를 받았습니다. 물론 고맙다는 말을 할 것이라고는 전혀 기대하지 않았습니다. 이 분도 역시 아픈 분이었기 때문입니다.

아저씨 부부는 일을 마치고 나갔습니다. 우리의 일도 곧 마쳤습니다. 우리는 은행을 나와서 가까운 약국에 들렀습니다. 거기서 비타500을 한 통 샀습니다.

그리고 다시 은행에 들어가 지점장으로 보이는 분에게 드렸습니다. 손님이 소리를 질러서 힘드셨을 텐데, 창구 직원들에게 하나씩 나눠 드리라고 전했습니다.

그는 몹시 고마워했습니다. 나는 음료수 자체보다 그들의 수고에 고마워하고 이러한 일에 대신해서 미안해하는 사람이 있다는 것을 알려주고 싶었습니다.

나는 동사무소나 관공서에서 일을 마치고 나면 직원들에게 감사의 마음을 담아서 음료수를 드리는 경우가 종종 있습니다. 그것은 작은 일이지만 사랑의 에너지를 퍼뜨리는 데에 약간의 도움이 될 것입니다.

한번은 은행에서 어느 여직원이 업무에 몹시 서툴러서 2-3분이면 끝날 업무를 1시간 가까이 헤매면서 우리를 지체하게 만든 적이 있었습니다. 이 여직원은 얼굴이 빨개져서 어쩔 줄을 몰라 했습니다. 마음은 선한데 업무에 익숙하지 않은 모양이었습니다.

나는 웃으면서 그녀에게 서두르지 말고 천천히 하라고, 괜찮다고 말했지만 아가씨는 점점 더 긴장을 해서 나중에는 프린터가 망가지고 복사를 거꾸로 하는 등.. 이상한 실수를 거듭했습니다. 복사를 하고 프린터를 사용할 하등의 이유가 없는 평범한 업무였는데 말입니다.

옆에서 여러 직원이 도와주어서 그녀가 간신히 업무를 해결한 후에 나는 약국에서 음료수를 한 박스 샀습니다. 그래서 그 여직원에게 격려하는 의미에서 주었지요.

하늘나라의 원리는 못하는 사람에게, 부족한 사람에게 너 큰 은혜와 상급이 주어지는 것이기 때문에 나는 그러한 원리를 적용하는 것을 좋아합니다. 잘 하는 사람보다는 못하고, 어리버리하는 사람에게 애정과 선물을 주고 싶은 마음이죠. 여직원은 그 때 몹시 놀랐는지, 그 이후에는 나를 볼 때마다 인사를 꼬박꼬박 하였습니다. 아주 오랜만에 들러도 그녀는 대기 좌석에 앉아있는 나를 보고 눈인사를 하곤 했습니다.

분노하고 소리를 지르던 그 아저씨를 위해서 내가 중보하고 기도한 것, 아내가 번호표를 양보해준 것, 긴장하고 놀랬던 직원들에게 작은 음료수 하나씩을 선물한 것.. 그것은 상황의 개선에 어느 정도의 효과가 있었을까요?

그것은 아주 작은 일이었고 그 효과는 미미한 것이었습니다. 아저씨는 나중에 많이 안정되기는 했지만, 그다지 변화를 경험한 것 같지는 않았습니다.

하지만 나는 이렇게 생각합니다. 한 사람, 한 사람이 작은 일이지만 자기에게 주어진 삶 속에서 일, 사람, 부르심에 대해서 조금씩 사랑으로 응답한다면, 꾸준하게 이렇게 적용한다면 그것은 점차적으로 많은 변화를 일으킬 것이라고 말입니다.

문제를 보고, 문제를 일으키는 사람을 보고 "주님.. 죄송합니다. 저의 죄입니다. 저를 용서해주십시오.." 이렇게 계속 반응해간다면, 문제는 바뀔 것입니다. 문제의 사람은 변화될 것입니다. 그렇게 반응하는 사람들이 늘어난다면 세상에는 많은 변화가 일어나게 될 것입니다.

세상에는 문제 상황이 많이 있습니다. 문제를 일으키는 사람들이 많이 있습니다. 우리는 평생 그러한 일을 접하게 될 것입니다.

그들은 부르심입니다. 그것들은 부르심입니다. 그 부르심에 사랑으로 응답하는 이들은 많지 않습니다. 그렇기 때문에 우리의 인생에 피곤함이 가득한 것입니다. 그것은 문제와 문제를 일으키는 사람 때문이 아니라 우리의 반응이 잘못되었기 때문입니다.

온 세상에 논리적으로 조목조목 따지며 심판하는 사람이 가득합니다. 온 세상에 정죄하고 돌을 던지는 사람이 가득합니다. 그들을 위해서 짐을 지는 이들은 많지 않습니다. 대신 값을 지불하는 사람은 많지 않습니다. 하지만 그러한 사람들이 일어난다면, 세상은 바뀌게 될 것입니다.

어떤 사람이 문제를 사랑하고 문제를 일으키는 사람을 사랑하며 불쌍히 여기고 그 짐을 즐겁게 짊어지고 간다면, 그러한 마음을 가지고 있다면.. 그는 지옥이 천국으로 바뀌는 경험을 자주 하게 될 것입니다. 그는 어디에 있는지 천국의 빛을 공급하게 될 것입니다. 그들이 있는 곳에는 항상 광명한 햇살이 비춰지게 될 것입니다.

문제는 부르심입니다. 문제의 사람은 부르심입니다. 그들은 우리의 속을 보여줍니다. 우리의 완악함, 우리의 이기심, 이웃에 대한 우리의 무관심, 우리의 사랑 없음을 보여줍니다. 그러므로 그들은 일종의 몽학선생과 같습니다.

부르심에 응답하십시오. 사랑으로 응답하십시오. 중보로 응답하십시오. "주님.. 죄송합니다.." 하고 말하십시오. "주님.. 저의 잘못입니다.." 하고 말하십시오. "저 사람은 죄가 없습니다. 저것은 내 죄입니다. 제가 가장 악한 사람입니다.." 하고 고백하십시오.

그렇게 고백하고 그렇게 주님께 나아갈 때 나아가면 나아갈수록 당신은 이전에 알지 못했던 새로운 영역이 열리는 것을 경험하게 될 것입니다.

전에 알지 못하던 놀라운 기쁨, 놀라운 평화.. 그리고 더 깊은 사랑이 당신 안에서 점점 더 증가되는 것을 당신은 누리고 맛보게 될 것입니다. 할렐루야..

10. 2. 11

12. 영적 전쟁에서의 도움을
요청하시는 분들을 위하여

여러분들, 모두 평안하시지요? 주님의 은혜와 평강이 여러분들에게 가득하기를 기원합니다.

최근에 저에게 영적 전쟁에서의 도움을 원하는 요청이 많이 쏟아지고 있습니다. 악한 영들에게 시달리며 각종 고통의 증상을 호소하면서 간절히 한번만 저를 만나게 해달라고 요청하는 분들이 점점 많아지고 있습니다.

전부터 이러한 요청이 많이 있었지만 최근에 다음 카페로 이전하면서부터는 정말 많군요. 그동안 너무나 고통을 겪었으며 이제 남은 소망은 목사님을 만나고 기도를 받는 것 외에는 없다는 분들, 지금 당장 비행기타고 가겠다는 분들, 대적기도 책을 읽었지만 직접 기도 받고 싶다는 분들, 제발 살려달라는 분들, 급하다는 분들, 어떤 축사 사역자도 자기를 고치지 못했다는 분들, 지금 응급상황이라는 분들.. 참 많이 있습니다.

하지만 저의 사역이 해야 할 것들이 참 많이 있고 지금 현재 상황에서도 써야 할 책들이 많이 밀려 있는 상황입니다. 또 출판사는 저절로 유지되어 가는 것이 아니고 여러 가지 해야 할 많은 작업들이 있습니다. 저는 목사라고 불리기는 하지만 전업 목사의 일을 하면서 영혼을 돕는 목양을 하는 것이 아니고 실제적으로는 평신도로서 저의 직업에 속한 일을 하면서 간간이 시간을 내어 사람들을 간접적으로 돕고 있습니다. 그러므로 항상 시간에 쫓기고 있어서 개인적으로 사람들을 돕는 것은 도저히 불가능합니다.

최대한 메일 등으로 열심히 답을 하려고 애를 쓰고 있고, 메일을 통해서 많은 증상들이 개선되었다는 답변들을 받곤 합니다. 하지만 메일에 응답하는 것도 쉬운 일은 아닙니다.

대적기도 책을 쓴 것은 신자들에게 영적인 전쟁에 대한 이해와 지식을 넓혀서 예수 그리스도 안에 있는 권세를 발견하고 스스로 영을 분별하고 영적 전쟁을 수행할 능력을 얻고 사용하여 자유함을 얻는 데 도움을 주기 위한 것인데 적지 않은 분들이 스스로 싸우기 보다는 사역자의 능력과 기도로 자유를 얻게 되기를 원하는 것 같습니다.

도움을 요청하는 분들의 상황을 보면 더러 가벼운 내용들도 있지만 대부분 심한 전쟁을 치르고 있는 분들의 요청들이고 그래서 한 통 한 통 답을 하기 위해서는 집중과 기도와 전쟁이 필요합니다.

그 과정에서 많이 아프기도 하지만 점점 지쳐가게 되고 또 비슷한 이야기를 반복해야 하기 때문에 그러한 분들, 악한 영들에게 괴롭힘을 당하고 회복과 자유를 원하시는 분들을 위해 간단한 요령을 설명하고 싶습니다.

영적 전쟁이란 영력의 문제라고 생각하지만, 사실 지식, 실제적인 원리에 대한 이해와 많은 관련이 있기 때문입니다. 가급적 간단하고 쉽게 영적 전쟁의 기본원리를 설명하였으니 잘 이해하시고 적용하시는 데에 도움이 되었으면 좋겠습니다.

1. 도움을 요청하는 분들은 대부분 저를 직접 만나서 기도를 받고 악한 영이 쫓겨나가고 단번에 자유를 얻게 되기를 기대합니다. 하지만 제가 그렇게 개인적으로 돕는 것도 불가능하지만 그렇게 돕는다고 해도 실제적으로는 유익이 별로 없다는 것입니다. 이 부분을 이해해야 합니다.

설사 악한 세력이 능력 있는 사역자의 사역을 통하여 사라졌다고 합시다. 그러면 그 다음에는 어떻게 될까요? 그는 그 후로 완전한 자유의 삶을 살게 될까요?

그럴 수도 있지만 그렇지 않을 가능성이 훨씬 더 크다고 말하고 싶습니다. 사역자는 잠시 그를 만나겠지만 그의 집까지 따라가서 같이 살 수는 없습니다. 그러므로 그는 결국 다시 혼자가 될 것입니다. 그리고 그렇게 다시 혼자가 될 때 그에게는 전에 가지고 있었던 영보다 더 강한 영이 공격해올 가능성이 많습니다.

자신의 영이 깨닫고 정화되고 강해지지 않고 외부 사역자의 힘으로 해방을 얻었을 때 그 해방은 온전한 것이 아닙니다. 그는 계속 사역자를 찾아가야 하며 개인적 자유의 가능성은 더 멀어집니다. 중요한 것은 지금 상황에서의 자유가 아니고 영적 전쟁을 이해하고 영적 원리를 이해하여 생활에 적용하고 삶의 패턴, 신앙의 패턴, 의식, 사고의 패턴이 바뀌어야 하는 것입니다. 자신이 바뀌지 않고 그대로 있는 상태에서 외부의 기도는 아무리 받아보아도 별로 유익이 되지 않습니다.

2. 악한 영은 쫓겨나간 후에도 다시 돌아올 수 있습니다. 혹은 쫓겨나가지 않고 속에 숨어서 없는 척 하고 숨을 죽이고 있다가 그 사람이 혼자 있게 되면 마구 공격을 하기도 합니다. 우리는 일상의 삶에서 그 비슷한 일을 더러 겪곤 하죠. 가전제품에 문제가 생겨서 A/S를 요청했는데 막상 출장기사가 오면 멀쩡한 겁니다.

그런데 기사님이 가고 나면 다시 문제를 일으키는 거죠. 왜 이런 일이 생기는 것일까요? 이 경우에 왜 악한 영은 근본적으로 처리가 되지 않는 것일까요?

이것을 이해해야 합니다. 악한 영이 이유 없이 숨어서 그 사람을 공격하고 있을 때 그 사람이 괴롭힘을 당하는 것이 단순한 영적 무지에서 기인한 것이라면, 그것은 회복이 간단합니다.

어떤 사람이 악한 영들에게 공격을 받고 있으면서도 그러한 영적 근원이나 영적 전쟁에 대해서 전혀 모르고 악한 영에 대해서도 공격에 대해서도 "그런 게 어디 있어.. 그건 미신이야.." 하는 상태라면 악한 영들은 그 사람을 마음 놓고 유린할 수 있습니다. 그런데 그 사람이 영적 지식과 실제를 알게 되고 그 영적 전쟁과 예수 그리스도의 이름과 보혈의 능력에 대해서 알게 되고 괴롭힘의 실체를 깨닫게 되면 그 악한 영은 대적하는 순간에 바로 초토화되고 소멸됩니다. 그는 아무런 권리가 없이 숨어서 역사하고 있었기 때문에 밝혀지는 순간 바로 사라집니다. 그는 다시 돌아오기 어렵습니다.

그러나 영적 세계도 알고 악령에 대해서도 알고 그래서 계속적으로 대적을 하는 데도 해결이 되지 않는 경우가 있습니다.

영적 전쟁은 대부분 한 순간에 끝나지 않고 서서히 좋아지는 경우가 많이 있는데 그렇게 서서히 좋아지는 것도 아니고 대적할 때만 잠시 효과가 있고 나중에 또 어려움을 겪으며 시간이 가도 별로 나아지지 않는 경우가 있습니다.

그런 경우에는 어떻게 해야 할까요? 해방을 얻을 때까지 무조건 계속 대적만 하고 있으면 될까요? 물론 충분한 기도의 분량이 필요할 때도 있습니다. 그러나 대부분 그런 경우는 계속 기계적으로만 대적해서는 되지 않습니다.

거기에는 근원적인 다른 문제가 있기 때문에 악한 영이 계속 그를 괴롭히고 있는 것입니다. 이렇게 아무리 대적을 해도 소용이 없을 때는 자기 능력의 한계를 느끼게 되지요. 저에게 도움을 요청하시는 분들은 대부분 이러한 상태인 것 같습니다. 자, 그렇다면 문제는 무엇일까요? 어떻게 해야 할까요?

3. 여러 번 대적기도를 했는데도 효과가 없다면 더 이상 그런 식의 기도를 계속 하지 말고 근본적인 이유를 찾아야 합니다.

악한 영들은 몇 번 대적하면 끝이 나는 것이 정상입니다. 그런데 대적을 해도 효과가 없다면 그것은 그 악한 영들을 유인하는 요소가 그 사람의 안에 있는 것입니다. 악한 영들의 먹잇감이 그의 안에 있는 것입니다. 그것을 찾아야 합니다.

사람들은 흔히 생각하기를 자기의 모든 고통의 원인은 악령들이며 그것들이 나가기만 하면 자기 인생이 잘 풀릴 거라고 여깁니다.

우연히 어느 순간에 자기에게 악한 영들이 들어왔는데 그것 때문에 고통이 시작되었다고 여기는 분들이 많습니다. 어떤 분은 장례식 장에 갔다가 그 때부터 이상한 증상이 시작되고 악한 영으로부터 고통을 받기 시작합니다. 어떤 분은 제사를 드리는데 그것을 가볍게 여기고 참석했다가 그 이후부터 지옥같은 삶을 살게 됩니다.

가위 눌리고, 귀신의 음성이 들리고, 악몽에 시달리고.. 온 몸이 무기력하고 아프고.. 또 어떤 분은 우연한 어떤 사건들을 통해서 그런 증상들이 시작됩니다.

이들은 후회합니다. '아.. 내가 거기에 왜 갔을까.. 아.. 내가 그것을 왜 했을까.. 다시 그 전으로 돌아가고 싶다. 그러니 이놈들만 처리해버리면 나는 다시 괜찮을 것이다..' 라고 후회합니다.

4. 하지만 알아야 할 것이 있습니다. 암의 증상이 발견되었다면, 그 증상이 발견되기 아주 오래전부터 암세포는 자라고 있었다는 사실입니다. 그와 같이 악한 영들은 아무 이유 없이 지나가는 사람들에게 들어오는 것이 아닙니다. 그들은 영적인 존재입니다. 그러므로 어느 정도의 여건과 파장이 맞아야 들어올 수 있고 활동할 수 있습니다.

그러므로 단순히 어떤 사건 때문에 결정적으로 악한 영에게 시달리게 된 것이 아니라, 그 사람은 전부터 조금씩 영적인 파장이 어두움의 영이 활동할 수 있는 여건으로 조성되어 가고 있었고 그 분량이 가득 차게 되었을 때 그 사건을 통해서 악한 영이 들어온 것입니다.

그러므로 그 사람은 그러한 사건이 아니더라도 이미 악한 영과 동조되는 상태에 있었기 때문에 제사에 가지 않았어도, 더러운 공간에 가지 않았어도, 장례식에 가지 않고 중환자실에 가지 않았어도.. 다른 경로를 통해서 악한 영의 침입을 받았을 것입니다. 드라마를 통해서도, 영화를 통해서도 컴퓨터 게임을 통해서도.. 아니면 심하게 꾸짖는 상사나 부모나 다른 사람을 통해서도 그는 피해를 받게 되었을 것입니다.

영의 상태가 어느 수준까지 어두워지게 되면 그 사람은 악한 영들의 세계와 동조하기 때문에 그 영들을 받아들일 수 있는 여건이 되는 것입니다.

5. 악한 영이 들어와서 괴롭히고 공격을 한다면 이것을 알아야 합니다. 그들이 들어온 것은 이유가 있습니다. 그 이유를 알고 제거해야 합니다. 단순히 힘으로 쫓아서 되는 것이 아닙니다.

그러니 그 이유를 해결해야 하는데 그러지 않고 대적기도만 한다면, 본인은 원인을 제거하려는 아무도 시도도 하지 않고 아무런 변화도 없다면, 그들은 당연히 계속적인 공격을 하게 됩니다. 그것은 도둑이 망가진 창문을 통해서 들어왔는데 도둑을 쫓아내기만 하고 창문을 수리하지 않은 것과 같아서 다시 도둑이 침입을 하게 되는 것입니다.

6. 악한 영들은 비유하자면 꽃의 향기를 맡고 날아오는 나비와 같은 존재입니다. 좋은 향기를 풍기면 좋은 나비가 오고 나쁜 향기를 풍기면 나쁜 나비가 온다고, 그렇게 이해하시면 쉬울 것입니다.

악한 영들은 쓰레기에서 풍기는 악취를 기뻐해서 다가오는 파리와 같은 존재입니다. 그러므로 악취를 제거하지 않고, 쓰레기를 제거하지 않고 사역자의 일방적인 능력과 권세로 파리를 쫓아내면 모든 문제가 끝날 것이라고 여기는 것이 얼마나 순진한 생각인지 잘 알 수 있을 것입니다.

중요한 것은 자신에게서 풍기는 냄새가 어떤 것인지를 분별하고 그 냄새를 바꾸려고 하는 방향전환이 있어야 한다는 것입니다. 기도만 받기를 원하는 것은 아무 유익이 없습니다.

7. 사람들은 오래 동안 살아오면서 자기가 형성한 생각, 습관, 대인관계들이 있습니다. 상처를 주고 상처를 받으며 자신들이 형성해왔던 부정적인 영적 유산들이 있습니다. 악한 영의 침입과 공격은 그것들의 결과입니다.

그러므로 악한 영들에게 틈을 주는 자신의 문제점과 패턴이 무엇인지를 찾아내고 오래 동안 형성되어온 자기 삶의 스타일을 바꾸어가는 작업을 시작해야 합니다. 그러므로 수년, 또는 수십 년간 형성되어온 자기의 문제를 잠시의 기도로 한 번에 끝내려고 기대해서는 안 됩니다. 그것은 하나의 방향 전환이 될 수 있지만 거기에서 멈추지 않고 그 후에는 꾸준한 적용을 통해서 영혼의 정화와 성장을 구해야 합니다.

8. 암에 걸려서 위급한 상태라면 치유는 그저 병원에 맡기고 생활 패턴을 전과 동일하게 해서는 안 됩니다.

"수술하면 다 낫겠지.. 병원에서 알아서 하겠지.." 해서는 안 됩니다. 모든 치유의 방식을 찾아야 하고 의료적인 도움을 받아야 하지만 또한 자신도 자신의 삶의 방식에 대하여 돌아보아야 합니다.

병의 원인이 되는 것을 찾아내고 음식조절이나 운동이나, 스트레스를 줄이는 방법에 대해서 공부한다든지.. 하는 식으로 삶의 패턴에 변화를 주어서 자신도 치유에 동참해야 합니다. 약에만 의존하고 외적인 처지에만 의존하는 것은 좋지 않습니다.

그렇게 적극적으로 치유에 임하면 오히려 병에 걸린 것이 인생의 큰 전기가 될 수도 있습니다. 나태하고 둔감하게 살아온 삶이 중한 병에 걸린 것을 통해서 오히려 새롭게 되고 삶의 사소한 기쁨과 보람을 느끼며 아름다운 새 삶을 살게 될 수도 있습니다.

9. 악한 영에게 괴롭힘을 당하는 것도 비슷합니다. 단순히 '이 고통에서 벗어나고 싶다. 빨리 자유롭고 싶다..' 하는 마음뿐이라면 오히려 고통은 심해질 수도 있습니다. 우리에게 의미 없이 다가오는 고통은 없기 때문입니다.

그러므로 '아, 내가 이런 어려움을 겪는 것에는 이유가 있을 것이다. 어쩌면 복이 될 수도 있다. 내가 이런 고통이나 증상이 아니었으면 깨닫지 못한 것이 있을 수 있다. 그러므로 이 상황을 통해서 충분히 배우도록 하자. 그리고 나를 개선해보도록 하자. 오히려 축복의 기회가 되게 하자..' 하는 마음이 있으면 오히려 영적 성장과 풍성함을 누리는 데에 도움이 되며 고통에서도 빨리 벗어날 수 있게 되는 것입니다.

10. 악한 영들은 또한 애완용 강아지와 같은 존재입니다. 애완용 강아지가 자기 스스로 밥을 해 먹고 먹이를 찾아 먹습니까? 아닙니다. 주인이 밥을 해서 먹입니다.

그와 같이 악한 영들에게 밥을 해서 먹이는 것은 본인 자신입니다. 밥을 주지 않으면 애완용 강아지는 굶어죽게 됩니다. 악한 영들도 먹을 것이 없으므로 할 수 없이 나가게 됩니다.

그런데 오늘날 많은 신자들이 악한 영들에게 계속하여 밥을 주면서 '제발, 제발 이 강아지를 쫓아달라'고 부탁합니다. 그러면 밥을 주지 말아야 하지 않겠습니까?

악한 영들은 스스로 밥을 해 먹을 수가 없습니다. 그들은 인간에게서 양식을 취합니다. 인간의 반응을 통해서 강해집니다. 그러므로 어떤 것이 악한 영이 좋아하는 것이며 악한 영에게 밥을 주는 것이며 악한 영이 나가지 않고 머무르게 하는 것인가를 알아야 합니다. 그래야만 자유함의 세계에 가까이 갈 수 있습니다.

11. 악한 영들은 영입니다. 그런데 이 영이라는 존재는 정신과 서로 깊은 관련이 있습니다. 다시 말하면 의식, 생각, 감정은 영과 서로 영향을 주고받는다는 것입니다.

그러므로 악한 영들이 좋아하는 생각, 감정, 의식이 있고 그들이 싫어하는 생각, 감정, 의식이 있습니다. 벌레들이 불빛을 보고 날아드는 것처럼 그들을 자극하는 의식이 있다는 것입니다. 그러므로 그것을 이해해야 합니다.

12. 악한 영들이 가장 좋아하는 의식은 자학, 또는 자책이라고 할 수 있을 것입니다. 죄책감은 악한 영들이 아주 좋아하는 먹이입니다. 자세하게 쓰려면 또 한권의 책이 필요하기 때문에

간단하게 언급을 하겠습니다.

영적 성장에 있어서 죄책은 필요합니다. 건강한 죄책은 필요합니다. 성령께서 일으키는 죄책은 우리를 회개하게 하고 성결을 사모하게 합니다. 성령의 계시는 우리의 깊은 속을 찌릅니다. 하지만 그것은 날카롭지만 동시에 아주 후련한 것입니다.

성령의 계시로 인한 죄책과 회개는 사람의 영혼을 아름답고 순결하게 만듭니다. 회개 후의 기쁨과 영광과 후련함은 천국과 같은 것입니다. 하지만 이러한 회개의 영은 오늘날 아주 보기 드뭅니다. 정말 많은 경우가 악한 영을 기쁘게 하는 자학과 자책의 영입니다. 이 죄책감이 악한 영들에게 권세를 줍니다.

13. 회개는 아름다운 것입니다. "주님.. 죄송합니다.." 하고 죄를 시인하고 주님께 나아갈 때 그것은 행복을 줍니다. 은혜가 임하게 됩니다.

그런데 어떤 이들은 아주 처절한 모습으로 회개를 해야 제대로 된 회개라고 생각하기도 합니다. 그래서 가슴을 찢고 울부짖으며 온 난리를 쳐야 용서를 받을 수 있을 것이라고 생각합니다.

그것은 잘못 이해하고 있는 것입니다. 죄의 용서는 그리스도의 속죄로 인한 것이지 우리가 얼마큼 악을 쓰고 목이 터지느냐에 따라서 이루어지는 것이 아닙니다.

그것은 일종의 긴장이며 자기 의이며 인간의 방식입니다. 사람들은 조건 없는 하나님의 용서와 사랑에 자꾸 어떤 조건을 만들어서 자기를 만족시키려고 합니다.

주님이 주시는 회개의 영이 강하게 역사함으로 자기도 모르게 그렇게 간절한 회개가 터질 수는 있습니다. 그러나 인간적으로 억지로 그런 식으로 짜내는 회개는 오히려 영이 눌리게 됩니다. 영의 역사는 무엇이든지 자연스럽습니다. 억지로 짜내면 영혼이 파리해집니다.

그런 식의 회개를 하고나면 오히려 회개하기 전보다 영이 더 침체가 됩니다. 지치고 기도도 하기 싫고 '나 같은 죄인이 기도하면 뭐하나 살아서 뭐하나..' 하는 등의 마음이 일어나게 됩니다. 슬퍼지고 우울해지고 모든 일에 의욕을 상실합니다. 그런 상태를 은혜 받은 것으로, 영적으로 깊은 상태에 있는 것으로 착각하고 있는 이들이 참으로 많습니다. 창백하고 우울하게 살면서 자신은 영적으로 아주 깊다고 여기는 분들이 참 많습니다. 그것은 오해입니다.

14. 천국은 우울하고 창백하지 않습니다. 십자가 지고 좁은 길을 가는 삶은 우울하고 힘든 삶이 아닙니다. 환경이 가난하든 몸이 아프든 거기에는 천국의 기쁨이 있습니다.

그 기쁨의 세계, 영광의 세계를 아는 사람들이 적으니까 좁은 길이지 그 길은 고통의 길이 아닙니다. 그 길은 죽지 못해서 가는 길이 아닙니다. 주님의 제자들이 거의 다 순교를 했는데 마지못해서, 죽지 못해서 할 수 없이 그 길을 갔을까요? 아닙니다. 제자들은 온갖 핍박 속에서도 기쁨이 충만했습니다. 성경은 말합니다.

"제자들은 기쁨과 성령이 충만하니라" (행13:52)

그 상황은 제자들이 복음을 전하다가 대적자들의 강력한 핍박으로 인하여 그 지역에서 쫓겨난 상황이었습니다. 상식적으로는 별로 기쁨이 충만할 상황이 아니었던 것입니다. 이것은 성령이 함께 하시는 신자, 제자의 삶은 환경이 어떻든 그 길은 말로 측량할 수 없는 행복으로 가득한 삶이라는 것을 보여줍니다.

15. 안타깝게도 오늘날 성령님이 주시는 회개의 영이 아닌 악한 영에 눌린 자책의 영을 가진 이들이 너무 많습니다. 마음 속 깊은 곳에 죄책감을 가지고 있는 이들이 너무 많습니다.

자기 나름의 기준이 있는데 그것을 아무리 애를 써도 이룰 수가 없습니다. 죄를 이기려고 버리려고 아무리 애를 써도 또 넘어지고 실패합니다.

똑같은 죄를 가지고 회개하는 것도 한 두 번이지 나중에는 마음 속 깊은 곳에 깊은 죄책이 생깁니다. '나 같이 더러운 것이 또 있을까.. 나 같은 것을 하나님이 사랑하실까..'

자책을 해결하기 위해 보상심리로 더 봉사에 힘쓰고 힘에 겨울 정도로 헌신하지만 깊은 마음속의 죄책은 사라지지 않으며 주님과의 친밀한 관계는 기대하지도 못합니다. 문제는 이러한 죄책이 징벌의 영을 끌어당긴다는 것입니다. 그것은 하나님의 징계가 아니고 자기의 깊은 속에 있는 의식이 끌어당기는 재앙입니다.

이들은 쉽게 질병에 감염이 되고 사고를 당하며 악한 영들에게 눌립니다. 그리고는 하나님이 치신다고 생각합니다. 나는 죄인이니 당해도 싸다고 생각합니다. 이러한 마음의 상태가 악한 영이 그 사람을 사로잡고 떠나지 않을 수 있는 중요한 요인이 됩니다.

16. 세상에는 더러 양심이 깨끗하지 않은 사람이 있습니다. 돈을 밝히고 나쁜 짓을 하면서도 아무렇지도 않고 태연하고 뻔뻔하게 사는 사람이 있습니다. 이들은 양심이 마비되어 고통을 느끼지 않습니다. 이러한 사람들은 악한 영에게 사로잡혀서 악한 영의 도구로 쓰임을 받게 됩니다. 하지만 악령에게 눌리지는 않습니다. 죄책감이 없기 때문입니다.

그러나 마음이 선한 사람들, 양심이 예민한 사람들은 기본적으로 많은 죄책감을 가지고 있습니다. 이들은 마귀의 밥이 되기 쉽습니다. 그 죄책감을 처리하기 전에는 그들은 자유를 얻지 못합니다.

17. 대체로 양심적인 사역자들은 죄책이 많습니다. 영의 흐름

에 대해서 잘 모르고 양심적이고 선비적인 스타일의 사역자들은 죄책이 많습니다. 거룩한 삶을 살기 원하고 깨끗한 삶을 살기 원하지만 그 실제를 누리지 못하고 실제로 그러한 삶을 살지 못하기 때문에 이들은 깊은 속에 좌절과 고통이 가득합니다.

이들은 말씀을 전할 때도 치는 설교를 많이 합니다. 무서운 표정으로 살벌한 태도로 죄에 대해서 무섭게 경고하고 치는 설교를 합니다. 그렇게 할 때 그것이 사람의 양심을 찔러서 회개의 영을 일으킬 것이라고 믿는 사역자들이 많이 있습니다.

그것은 오해입니다. 회개의 영은 주님이 일으키시는 것입니다. 성령의 역사는 사람이 흥분하고 무섭게 한다고 임하시는 것이 아닙니다. 깊은 기도의 무릎이 성령의 감화를 일으키는 것이지 웅변하고 흥분해서 사람들이 깨어지는 것이 아닙니다.

박수를 많이 쳐서 임하시는 것도 아니고 겁을 많이 주어서 임하는 것도 아닙니다. 많은 사역자들이 의분이라고 생각하는 것은 성령의 감동이라기보다는 실제로 단순히 화를 내는 것에 불과합니다. 그것은 신자의 영을 눌리게 하고 병들게 하는 것이지 아름답고 성결한 회개의 빛과 깨달음을 주는 것이 아닙니다.

18. 오늘날 많은 신자들은 오래 동안 신앙생활을 하면서도 피상적이고 기계적인 몇 가지 개념을 반복해서 주입받았을 뿐이며 말씀의 진리에 대한 인격적인 터치나 경험이 별로 없습니다. 그러므로 주님과의 개인적이고 인격적인 친밀한 교제에 대해서

아는 바가 별로 없습니다. 그리하여 성령께서 주시는 아름답고 자연스러우며 인격적이고 부드러운 깨우침을 받는 경우가 드뭅니다. 그러므로 그 인격과 삶이 변화되지 않으며 많은 의무감을 가지고 있을 뿐 주님 안에서의 안식과 기쁨에 대해서 모릅니다.

그러나 주님은, 주의 영은 거칠고 사나우신 분이 아니고 아름답고 거룩하시며 정결함과 사랑스러움이 가득하신 분입니다. 주의 영으로부터 오는 것은 회개든 무엇이든.. 거기에는 주님의 아름다우심이 나타납니다.

19. 주의 영이 운행하실 때는 사역자가 인간적으로 흥분하고 애쓰지 않아도, 아주 부드럽고 조용히 말해도 회중에는 정결한 회개의 영이 흐르게 됩니다.

포효하듯이 울고 소리를 쳐야 진정한 회개가 되는 것도 아닙니다. 깊은 바다가 서로 부르듯이 사역자의 깊은 심령 속에서 주의 영의 흐름이 있을 때 그것은 신자들의 깊은 심령에 거룩하고 달콤한 회개의 영이 흐르게 합니다.

20. 하지만 오늘날 이러한 회개의 영은 찾아보기 어렵습니다. 많은 이들이 자책과 자학을 가지고 있으며 자기 징벌의 의식을 가지고 있습니다. 청렴한 사역자일수록, 양심적인 사역자일수록 그러한 죄책이 많으며 적지 않은 경우 그들의 공격적인 메시지는 자신을 향한 것입니다. 그들은 자신을 치고 있는 것입니다.

'내가 사역자로서 이렇게 살아도 되나.. 나는 이중적인 위선자가 아닐까..' 하는 갈등과 고통이 그들의 안에 있기 때문에 그 자책의 영은 고스란히 신자들에게 전이됩니다. 사역자가 승리의 삶을 살지 못할 때 신자들 역시 피곤하고 고통스러운 신앙생활을 해나가게 됩니다.

21. 사역자 뿐 아니라 부모나 교사와 같이 가르치는 입장, 권위자의 입장에 있는 사람이 완벽주의적인 기질을 가지고 있을 때, 높은 기준을 가지고 있을 때 그 자녀들의 의식은 억압되기 쉽습니다.

부모가 지적 수준이 높을 때, 도덕적인 높은 기준을 가지고 있을 때, 신앙의 외적인 행위에 대한 높은 기준을 가지고 있을 때, 그들은 그러한 자기의 기준을 자녀들에게 강요하게 되고 다그치게 되며 부모라는 절대 권력 아래서 자녀들은 부모의 기준대로 살 수 없기 때문에 영적으로 눌리게 됩니다. 자책에 빠지게 됩니다. 부모가 자신의 요구와 기준이 온전한 것이라고 확신하는 만큼 자녀들은 깊은 자책에 빠지게 됩니다.

사역자가 자신이 경험하지 못한 높은 기준을 신자들에게 강요할 때 사역자도 신자도 그것을 달성할 수 없기 때문에 죄책에 빠지게 됩니다. 또한 부모들이 이룰 수 없는 기준을 자녀들에게 요구할 때 자녀들도 죄책에 빠지게 됩니다.

부모들이 세상에서의 성취를 위해서 학업 등을 위하여 지나치게 다그칠 때 그것도 자녀들의 영혼을 비참하게 억압합니다.

그 결과 그들은 평생을 우울하고 어둡게 살아가게 됩니다. 그들은 항상 자책에 빠져 있기 때문에 징벌의 기운을 끌어당기게 됩니다. 그러니 훌륭하고 탁월한 부모를 둔 자녀들, 기대치가 높은 부모를 둔 자녀들은 어떤 면에서 참으로 불쌍한 존재들입니다.

이들은 인생을 편안하게 누리지 못하고 어렸을 때부터 무거운 짐을 지고 살아가게 됩니다. 부모가 인생을 즐길 줄 모르기 때문에 자녀에게 즐거움을 가르칠 수가 없으니 계속 부담을 주고 요구를 하게 됩니다.

이들은 설사 외적인 목표, 예를 들어 명문대 입학과 같은.. 성공적으로 보이는 것을 성취한다고 해도 그 과정에서 영혼이 깊이 망가졌기 때문에 그것을 치유하지 않는 한 평생을 고통 속에서 많은 묶임의 증상을 가지고 살아가게 됩니다.

교사들, 스승들이 이룰 수 없는 높은 기준을 강요할 때 제자들은 눌리거나 반항하게 됩니다. 스승을 존경하는 제자들은 죄책감에 빠지게 되고 반항하는 제자들은 눌리지는 않지만 깊은 속에는 자신을 반항아로 스스로 낙인찍기 때문에 역시 어느 정도의 죄책을 가지게 되어 징벌의 기운을 끌어당기게 됩니다.

22. 마음이 선한 사람은 우울하고 창백하며 어둡고 피곤한 삶을 사는 경우가 많이 있습니다. 그것은 그들의 양심과 선함이 자

책을 일으키므로 깊은 마음속에서 스스로 처벌을 원하고 있기 때문입니다. 그러므로 하나님이 그를 벌하시는 것이 아니라 악한 영이 마음 놓고 그들을 누르고 괴롭히게 됩니다. 그들은 다른 이들에 비해서 감염이나 사고나 어려움을 겪을 가능성이 좀 더 높습니다.

영의 원리를 바르게 이해할 수 있다면 얼마나 좋을까요! 영의 세계는 무엇이든지 이를 악물고 애를 쓰면 제대로 되는 것이 없으며 주님 안에서 자연스럽고 편안하게 누리다보면 많은 열매를 성취할 수 있는데 이것을 이해하지 못하는 많은 신자들이 자기를 학대하며 자책하고 지학하며 많은 새앙들을 스스로 끌어안고 살아가고 있는 것입니다.

23. 죄책감 후에 오는 것은 무엇일까요? 그것은 두려움입니다. 이들은 마음 깊은 곳에 두려움을 가지고 있습니다. 자책이 있기 때문에 자신은 좋은 것을 누려서는 안 된다는 믿음을 가지고 있습니다.

겉으로 낙천적으로 보이고 웃고 장난을 치고 즐겁게 지내는 것 같지만 깊은 속으로는 '나는 안 돼..' 하는 두려움을 가지고 있습니다. 이들은 항상 모든 일에 있어서 최악의 경우를 생각하고 대비합니다.

두려움은 강력한 믿음입니다. 그것은 재난과 징벌을 가져오는 믿음입니다. 마음속에 있는 두려움으로 인하여 항상 미래를 대비하는 사람들이 있습니다. 그런데 이것을 기억해야 합니다. 어떤 두려움을 대비하는 사람은 그것에 대해서 전혀 모르는 사람보다 그 재난을 당할 가능성이 훨씬 더 많아진다는 것입니다.

도둑을 맞지 않을까 걱정하는 사람은 전혀 신경을 쓰지 않는 사람보다 도둑을 맞을 가능성이 높습니다. 열쇠를 바꾸고 보조키를 바꾸고 난리를 칠수록 그 가능성은 높아집니다.

유행하는 질병에 감염되면 어떡하나.. 생각하고 접종을 하고 마스크를 쓰고 온갖 난리를 칠수록 그 확률은 높아집니다. 직장에서 잘리지 않을까 걱정하고 대비하고 힘쓰는 이들은 실제로 직장을 잃을 가능성이 아주 높아집니다. 그 의식 속의 두려움이 악한 영들, 나쁜 상황을 끌어당기기 때문입니다.

두려움은 불신앙이며 주님을 신뢰하지 않는 것이며 주님의 보호하심을 믿지 않는 것입니다. 주님의 말씀보다 세상의 나쁜 소문, 사람들의 어두운 말, 어두운 경험을 더 믿는 것입니다. 그러므로 그렇게 마음속에 두려움을 간직하고 있을 때 거기에는 항상 나쁜 상황이 따라다니게 됩니다.

24. 사람의 안에 두려움이 있을 때 악한 영들은 그곳을 고향처럼 편안하게 느끼며 마음 놓고 활동을 하게 됩니다. 두려움을 가진 사람들은 어떤 사소한 증상이 있어도 그것에 질겁하고 놀랍니다. 악한 영들이 공격을 할 때 아주 긴장하고 두려워하며 놀랍니다.

저에게 도움을 요청하는 분들은 대부분 자신이 얼마나 고통을 경험하고 있는지 악한 영이 얼마나 강한지를 상세하게 설명해주고 싶어 합니다.

수많은 귀신들의 음성이 들린다.. 혼자 있을 때 이놈이 성적으로 괴롭힌다.. 머리가 아프다. 온 몸에 전기가 흐른다.. 죽을 것 같다.. 온갖 증상을 나열하며 자기의 고통을 호소합니다.

25. 이것을 알아야 합니다. 악한 영의 공격 증상이든 무엇이든, 나쁜 것에 대해서는 선명하게 자세하게 묘사하지 마십시오. 그러한 것에 대해서는 최대한 대충.. 희미하게 표현하십시오.

오직 주님에 대해서 아름다운 것들에 대해서는 아주 자세하게 선명하게 표현하십시오. 그럴 때 악의 세력은 약해지고 은혜의 세계는 확장됩니다.

간증을 하시는 분들을 보면 예전에 자신이 잘못한 죄에 대해서 쓸데없이 자세하게 설명을 하시는 분들이 있습니다.

그 때의 감정까지 실어서, 죄를 짓게 된 상황을 자세하게 설명하고 음란한 장면이나, 자신이 분노한 장면이나 파괴적인 장면을 흥분하면서 자세히 나열하고.. 그러는 분들이 있습니다. 그것은 지옥을 그 공간에 심는 것입니다.

우리의 언어는 실체입니다. 그것은 힘을 가지고 있습니다. 악한 것을 집중하지 말고 주님의 선하신 일, 주님의 아름다우심을 간증하고 높이십시오. 그것이 간증입니다.

나의 잘하는 것도 드러내지 말고, 못하는 것도 드러내고 자책하지 말고 오직 주님의 아름다우심을 시인하십시오. 악에 대해서 말해야 할 상황이 있다면 가급적 대략적으로 말하고 자세하고 선명하게 묘사하지 마십시오. 우리는 항상 초점을 주님께 맞추어야 합니다.

26. 이 원리를 기억하십시오. 악한 영이 공격할 때 절대로, 절대로 침착하십시오. 대수롭게 여기지 마십시오. 아무리 아프고 힘들어도 "아이고, 큰일났다.." 하지 마십시오. "어떡해요. 오.. 제발... 주님.. 저는 못 해요.. 할 수 없어요. 주님.. 도와주세요.." 하지 마십시오.

그렇게 애처로운 기도는 비명과도 같아서 상황을 더 나쁘게 합니다. 그것은 신앙고백이 아니고 불신고백이기 때문입니다. 그것은 악한 영의 힘을 강하게 합니다. 호들갑을 떨수록 마귀는 강해집니다.

그리고 주님을 부를 때 신뢰를 담아서 불러야합니다.. "오.. 주님.. 흑흑.. 제발, 제발.. 도와주세요.." 이런 식의 하소연에는 믿음이 결여되어 있고 두려움으로 가득한 상태이기 때문에 주님이 오실 수 없고 오히려 약탈하는 자들이 와서 고통을 주게 됩니다. 악한 영들은 사람이 주는 먹이를 먹고 사는 존재들입니다. 그러므로 온갖 비명소리, 한탄, 한숨, 비통한 고백, 하소연.. 이러한 것들이 악령을 키우는 것입니다.

27. 고통의 느낌을 무시하십시오. 귀신들은 아무 힘이 없습니다. 신자들이 귀신에게 경배하고 찬양을 하지 않는 한 귀신은 아무 힘도 없고 권리도 권세도 없습니다. 그런데 문제는 신자들이 귀신에게 엎드려 절하고 높이고 밥을 주고 하는 것이 문제입니다. 그것이 무엇이냐 하면 아래와 같은 비통한 고백들입니다.

"오.. 주님.. 제게 역사하는 귀신은 보통 강한 존재가 아니에요. 몸에 전기가.. 오..주님.. 이것은 인간의 힘으로 안 되요.. 오.. 하나님.. 마귀가 얼마나 센지.. 오.. 뭐라구요? 목사님.. 제가 얼마나 끔찍한 고통을 당하는지 아세요? 제가 말로 형용할 수 없는.. 뜨겁고.. 속에서 올라오고.. 제가 이런 상태에 있는데 믿음을 고백하라구요? 저를 모르셔서 그래요.. 제 상황을 모르셔서 그래요.. 오.. 주님.. 제발.."

28. 제발 믿으십시오. 마귀는 강하지 않습니다. 귀신은 강하지 않습니다. 귀신은 권세가 없습니다. 주님은 십자가에서 마귀의 모든 권세를 폐하셨습니다.

그러니 당신만 그들을 높이지 않으면 됩니다. 고통을 더 이상 당하고 싶지 않다면 악령들을 높이고 격려해주는 것을 멈추셔야 합니다. 공격이 올 때 웃으십시오. "웃기는 놈들.." 하세요.. "네가 그러면 내가 속을 줄 아니? 겁낼 줄 아니?" 하세요.. 그들은 순식간에 약해집니다. 힘을 잃기 시작합니다. 왜냐구요? 밥을 주지 않기 때문입니다.

그들은 난리가 나기 시작합니다. "아니.. 이게 웬일이야? 지금까지 잘 먹이다가 뭐하는 짓이지? 우린 이제 어떻게 살란 말이야?" 하면서 그들은 충격을 받게 되는 것입니다.

29. 당신은 지금 당신의 증상이 어떻든 그것을 무시해야 합니다. 말씀은 주님이 대가를 지불하셨고 이기셨다고 합니다. 지금 현재 상태는 고통을 겪습니다. 지금의 현재 상태를 믿겠습니까? 아니면 말씀의 약속을 믿겠습니까? 증상이 사라진 후에 "오.. 감사합니다.." 하겠습니까? 아니면 아직 증상이 남아있지만 먼저 승리를 선언하고 "마귀야, 너는 끝났다" 선언하시겠습니까?
그들의 공격에 침착하게 있고 요동하지 않으면 그들은 곧 힘을 잃어버립니다. 그들은 풀이 죽습니다. 그들은 서서히 에너지가 떨어져가게 됩니다. 그들은 다른 직장을 알아보게 될 것입니다.

30. 악한 영을 끌어당기는 것들을 자세하게 이야기하자면 한이 없지만 이 기본적인 문제만 다루어도 많은 회복과 자유가 임하게 될 것입니다.
자, 그러면 자책의 문제는 어떻게 해결해야 할까요? 그것은 아주 간단합니다. 주님의 십자가, 주님의 보혈을 믿어야 합니다. 갈보리 언덕, 그 십자가에서 나의 죄가 완전하게 씻겼음을 믿어야 합니다. 거기에는 우리가 아무 것도 더 보탤 것이 없습니다.

십자가는 하나님의 완전한 용서이며 완전한 사랑입니다. 이 완전한 용서와 사랑을 받아들여야 합니다. 이것이 누구나 알고 있는 복음입니다. 그런데 자꾸 여기다가 무엇을 보태려고 합니다. 자기의 행위를 자꾸 덧붙이려고 합니다. 스스로 의로워지려고 합니다.

"주님.. 저는 저 세리와 다릅니다. 저에게는 은사가 있고 기름부으심이 있습니다. 저는 어디서 제자훈련 받았고 영성훈련 받았고.. 어디서 무슨 체험을 했습니다. 제가 이것을 했습니다.." 이런 것을 자꾸 만들려고 합니다.

히지만 하나님의 용서와 사랑에는 조건이 없습니다. 자꾸 다른 것을 덧붙이고 사랑받을 조건을 만들려고 하면 오히려 하나님의 사랑에서 더 멀어지게 됩니다. 주님은 그의 의를 우리가 값없이 감사함으로 받는 것을 원하시지 우리의 의를 덧붙이는 것을 좋아하지 않으십니다. 그러므로 애를 쓰면 쓸수록 우리의 영은 지치고 피곤해집니다.

31. 당신이 헌금을 100억을 했건 전도를 만 명을 했건 그것은 의가 되지 않습니다. 의로우심은 오직 하나님의 은혜를 받아들이는 것에서 옵니다. 행위란 우리가 그의 의를 받아들이고 용서를 받아들인 후에 너무 감사하고 기뻐서 즐겁게 우리를 드리는 것이지 그것이 의가 될 수는 없습니다.

우리는 목숨을 버리는 헌신을 하고도 "우리는 무익한 종이

라. 마땅히 할 것을 했을 뿐이라" 하고 말해야 합니다. 그것을 자랑스럽게 여기는 것은 바르지 않은 것입니다. 그것은 자기의 가 되고 고통의 씨앗이 됩니다.

32. 완전한 용서와 완전한 사랑을 받아들이지 않는다면 그 사람은 죄책에서, 죄에서 벗어날 길이 없습니다. 아무리 울부짖고 가슴을 찢어도 그 행위가 죄를 없게 하지 않습니다. 손을 찍어버리고 눈을 빼버려도 죄는 사라지지 않습니다. 그렇게 가르치는 사역자가 있다고 하더라도 실제로 자신의 눈을 빼지는 않을 것입니다. 그 말씀은 스스로 애써도 죄를 이길 수 없고 주님을 붙들어야 해방이 있다는 메시지입니다.

33. 오늘날 적지 않은 사역자들이 구약과 신약을 혼동합니다. 그래서 이미 신약에 성취된 구약의 메시지를 문자 그대로 적용하는 경향이 있습니다.

어떤 사역자가 근엄하고 무서운 표정으로 "안식일에.. 성문에 무거운 짐을 지고 들어가면.. 그는 백성 중에서 끊쳐지리라.." 말씀을 읽으며 주일 성수를 어떻게 철저하게 해야 하는 지에 대해서 전하는 것을 보았습니다.

"안식일에 사사로운 오락을 행하지 아니하고!" 하면서 목소리를 높이는 것을 보았습니다. 많은 신자들이 아주 굳은 모습으로 경청하고 있었습니다.

주일을 잘 보내는 것은 좋은 일입니다. 기도와 교제에 힘쓰는 것은 아름다운 일입니다. 하지만 그 말씀의 참 뜻은 외적인 행위에 대해서 말하고 있는 것이 아닙니다. 그것은 안식일의 주인이신 주님을 먹고 마시고 누릴 때에 주님 안에서 안식할 때에 신실한 주의 백성이 된다는 것이며 누림과 해방이 있다는 메시지입니다. 구약의 모든 메시지는 신약의 복음의 빛 안에서 해석되고 적용되어야 합니다.

성경의 모든 말씀은 살아계신 주님과 따뜻하고 아름답고 실제적인 교제를 누리게 하기 위한 것입니다. 문자 자체에 매달려서 메시지의 중심을 곡해하고 있으면 영에게 묶임이 될 수 있습니다. 정말 문자대로 하고 싶으면 그 안식일은 토요일을 말하는 것이니 토요일에 아무 일도 하지 말아야 합니다. 말씀의 본뜻을 이해하지 못하면 우리의 영혼이 자유롭게 풀려나오는 것에 제한을 받습니다.

34. 죄책의 문제는 결국 하나님의 완전한 용서를 거절하는 것입니다. 그것은 결국 불신과 같은 것이며 주님을 가장 아프게 하는 것입니다. 슬프게 하는 것입니다. 도둑질이나 거짓말 같은 외적인 죄보다 좀 더 근원적으로 그의 영혼을 짓누르는 것입니다.

주님이 대가를 지불하셨는데 자꾸 인간이 더 지불하려고 하는 것은 맞지 않습니다. 자꾸 값싼 십자가, 값싼 은혜.. 하면서 무엇인가를 덧붙이려고 하는 것은 영혼을 억누르는 것입니다.

그것은 죄책을 일으킬 뿐입니다. 죄책감이 있는 곳에는 결코 죄에 대한 해방이 없습니다. 아무리 고통하고 가슴을 찢어도 해결이 되지 않습니다. 우리가 스스로 아무리 자기를 죽이며 스스로 양을 잡고 소를 잡아서 희생제물을 드리려 해도 그것은 아무 가치가 없습니다. 하나님은 오직 점 없고 흠 없는 어린 양의 제사만을 열납하십니다.

주님이 말씀하시는 자기부인이란 우리 자신을 주님께 복종시키는 것이지 우리 자신을 혐오하거나 학대하는 것이 아닙니다. 아름답고 풍성한 삶을 위해서 우리가 주님 앞에 드려지는 것이지 창백하고 핏기 없는 얼굴로 살아가는 것이 자기부인이 아닙니다.

35. 그러므로 하나님의 완전한 용서와 완전한 사랑을 받아들어야 합니다. 그리고 그 안에서 안식하고 누려야 합니다. 자기 스스로 무엇인가를 하려고 하는 사람들의 특성이 있는데 그것은 깊은 속에서 하나님의 사랑을 믿지 않는다는 것입니다.

속에서 '설마.. 하나님이 나를 사랑하실까? 나는 이렇게 못됐는데..' 하는 의식이 있습니다. 깊은 속에서 자신감이 없습니다.

하나님의 용서와 사랑 이야기를 들어도 깊이 마음에 부딪치지 않습니다. 자기의가 있고 자기 노력이 있고 자꾸 사랑받을 조건을 만들려고 합니다. 그런데 만들지 못하니 죄송한 것입니다.

36. 탕자가 생각하기를 '이대로 돌아갈 수는 없어. 그건 너무 염치가 없는 일이야. 본전을 조금만 찾고 돌아가야지.. 노가다를 해서 종자돈을 만들자.. 그래서 한탕만 하자.. 나아질 수 있을 거야.. 지금은 너무 아버지 볼 낯이 없잖아..' 하면 과연 돌아갈 수 있었을까요?

우리가 노력과 조건을 만들면 우리는 결코 하나님의 사랑을 입을 수가 없습니다. 그런데 오늘날 많은 사람들은 자기가 조건을 만들어서 하나님의 사랑을 받으려고 합니다. 전도를 1000명을 해서.. 금식을 해서.. 무엇인가 조건을 만들려고 합니다.

나쁜 사람과 비교해서 좀 더 나은 의를 만들려는 사람은 결코 하나님의 사랑에 대한 확신을 가질 수가 없습니다. 우리의 조건은 완전하지 않으므로 항상 왔다갔다하기 때문입니다. 우리가 만든 의는 낡은 누더기와 같아서 우리 몸의 수치를 가리는 데는 적합하지 않습니다.

37. 우리는 열매를 맺어야 합니다. 그러나 우리 스스로는 죽었다 깨어나도 열매를 맺을 수가 없습니다. 그러므로 먼저 하나님의 조건 없는 용서와 사랑을 받아들여야 합니다. 그러면 우리는 안식을 알게 됩니다. 피곤이 사라집니다. 긴장이 사라집니다. 그리고 열매를 맺어가기 시작합니다.

여러분.. 이 사실을 인식하십니까? 하나님은 당신을 정말 좋아하십니다. 보고 싶어 하십니다. 아름답게 보십니다. 사랑스럽게 보십니다. 이 사실을 믿으시겠어요?

'아니야. 그럴 리가 없어.. 내가 얼마나 못되었는데..' 하시겠어요? 그렇게 계속 자책하면서 악한 영들에게 시달리면서 평생 마음 고생하시면서 사시겠습니까?

보상심리로 전 재산 헌납하고 선교를 하고 가장 힘든 일에 자원하고.. 자기 학대를 하고.. 그렇게 하시면서 사시겠습니까? 봉사란, 사역이란.. 주님의 은혜 안에서 자연스럽게 이루어져야 합니다. 죄책의 보상이라는 심리에 의한 사역과 봉사는 열매도 없으며 고생만 할 뿐 주님이 기뻐하시는 것이 아닙니다.

38. 제발 죄책을 버리십시오. 자기 형벌과 두려움을 버리십시오. 그래야 해방이 옵니다. 하나님의 용서를 받아들이십시오. 그래야 해방이 옵니다.

우리의 본질은 무엇입니까? 당신의 본질은 무엇입니까? 당신의 지금 이지러진 모습이 당신의 본질입니까?

자.. 어떤 사람이 걷다가 똥통에 발이 미끄러졌습니다. 그래서 한쪽 발에 똥이 묻었습니다. 똥 묻은 발의 모습.. 그것은 당신의 본질입니까? 본 모습입니까? 아니면 원래 모습이 아니고 잠간 왜곡된 겁니까?

39. 우리의 본질은 하나님의 형상으로 지음 받은 영입니다. 이것이 우리의 참 모습입니다. 우리가 거듭날 때 우리 안에서 거

룩에 대한 열망이 일어납니다. 그것이 우리의 본 모습입니다. 당신은 교만하고 음란하고 더럽고 치사하고 속이 좁고.. 그것이 당신의 본질이라고 생각하십니까? 당신은 그러한 상태를 진정 원하고 있습니까?

당신은 죄를 즐거워하십니까? 음란을 사모하고 정욕을 숭배하며 모든 이름 위에서 높임을 받고 찬사를 받기 원하십니까? 그래서 원하기 때문에 죄를 짓는 겁니까? 아니면 거룩해지고 싶고 사랑하는 사람이 되고 싶고 순결한 사람이 되고 싶은데 자꾸 넘어지는 겁니까? 후자라면 당신의 본질은 아름다운 것입니다. 당신은 잠시 왜곡되어 있는 것이지 악한 사람이 아닙니다.

우리는 하나님의 형상으로 지어졌고 부름을 받았습니다. 그러나 마귀의 꼬임에 빠져 왜곡되었습니다. 그런데 이제 주님이 십자가에서 모든 저주를 끝내시고 담당하셨습니다. 그러므로 그것을 믿고 감사함으로 받아들인다면 이제 우리는 왜곡에서 벗어나 회복이 되는 것입니다. 그러므로 하나님께서 우리를 보실 때 이제 왜곡이 회복되었으므로 우리를 너무 사랑스럽고 아름답게 보시는 것입니다. 주님은 당신을 보실 때 미소를 지으십니다. 안아주고 싶어 하십니다. 그런데 당신은 그것을 거절하고 '나는 더러워.. 나는 자격이 없어..' 합니다.

그리고 그것이 당신이 지은 어떤 죄보다도 주님을 아프게 합니다. 그래서 주님의 임재는 소멸되고 당신은 악한 영들에게 괴롭힘을 당합니다. 이해하시겠습니까?

40. 용서를 믿으십시오. 사랑을 믿으십시오. 믿지 않으면 끝없이 자책하고 자기 학대를 하며 형벌을 끌어당길 것입니다. 그러면서도 마음의 평화를 얻지 못할 것입니다.

아무리 통곡을 하고 가슴을 치고 온 땅에 뒹굴어도 마음의 평화를 얻지 못할 것입니다. 아마 며칠은 평화롭겠지요. 하지만 한 주일쯤 지나면 다시 땅바닥에 뒹굴어야 합니다. 그것은 피곤한 삶입니다.

오직 용서를 받아들이고 사랑을 받아들여야 우리는 평화를 얻으며 기쁨을 얻으며 변화되어 가기 시작합니다.

41. 주님은 말씀하십니다.

"너는 내 사랑하는 딸이다.. 두려워 말아라.. 내가 너에게 값없이 포도주와 젖을 주겠다.. 네 배에서 생수의 강이 흐르게 하겠다. 너는 이것을 믿느냐? 받아들이겠느냐?"

그래도 계속 "아니에요. 저는 자격이 없어요. 저는 은혜를 배신했어요. 저는 그 은혜를 입을 자격이 없어요.." 하시겠습니까?

42. 더러운 사람이 있습니다. 그에게 말합니다.

"몸이 더러워지셨군요. 목욕을 하세요.."

그는 울면서 말합니다.

"아니에요. 아니에요. 저는 자격이 없어요. 목욕할 자격이 없어요.."

"왜요? 왜 목욕할 자격이 없어요?"

"예. 저는 너무 더러워서.. 목욕할 자격이 없어요.."

이게 말이 될까요?

어떤 사람이 너무 배가 고픕니다.

그에게 맛있는 음식을 가져다줍니다.

"배고프시군요. 어서 이것을 드세요.."

그는 울고 또 웁니다.

"아니에요.. 아니에요. 저는 이런 귀한 음식을 먹을 자격이 없어요.."

"무슨 자격이요?"

"저같이 굶주린 사람은 이것을 먹을 수 없어요. 조금 배부른 사람이 이것을 먹어야 해요.."

이게 말이 될까요?

어떤 사람이 피아노를 치지 못합니다.

어떤 이가 말합니다.

"아, 피아노를 잘 치고 싶으시군요? 그러면 배우세요.."

그는 울고 또 웁니다.

"아니에요, 아니에요. 저는 자격이 없어요.."

"무슨 자격이 없다는 말입니까?"

"당신은 모를 거예요. 제가 얼마나 피아노를 못 치는지.. 그러니 저같이 피아노를 못 치는 인간이 무슨 낯짝으로 피아노를 배우겠어요.."

수영 이야기를 해볼까요?

"죄송해요. 죄송해요. 저는 수영을 한 번도 해본 적이 없어요. 물론 너무 배우고 싶죠.. 하지만 자격이 정말 없어요.. 저같이 수영의 기초도 없는 사람은 이 거룩한 수영장에 올 수 없어요.. 하지만 언젠가는 될 거에요.. 제가 물에 들어가지 않고 스스로 수영의 달인이 되는 날.. 그 때 저는 수영을 배우러오겠어요. 지금은 아니에요. 하지만 언젠가 그날이 올 것을 저는 굳게 믿어요.."

이런 신자들이 너무 많이 있습니다. 씻지 않고 어떻게 순결해집니까? 먹지 않고 어떻게 배불러집니까? 주님의 은혜와 용서를 받아들이지 않고 스스로 어떻게 죄를 이깁니까? 어떻게 마귀를 이깁니까? 주님의 사면을 깊은 속에서 거절하고 스스로 형벌을 취하고 있는데, 어떻게 풍성한 삶을, 해방의 삶을 산다는 말입니까? 결혼을 해야 애를 낳는 것이지 어떻게 먼저 아이를 낳아야 결혼할 수 있습니까?

"죄송해요.. 저는 당신과 결혼할 자격이 없어요. 제가 준비할 동안 기다려주세요.. 제가 먼저 혼자 당신의 애를 낳겠어요. 그리고 나서 당신에게 오면 결혼해주세요.."

이것은 오해입니다. 주님을 받아들이지 않으면 우리는 아무리 노력해도 열매를 맺을 길이 없습니다. 우리를 변화시켜주시고 승리의 삶을 살게 하시는 분은 오직, 오직, 주님이십니다. 우리 혼자서는 아무 것도 할 수가 없습니다.

43. 주님의 용서를 받아들이십시오. 주님은 당신을 사랑하십니다. 저는 기도 중에 환상 속에서 주님을 본 사람이 말하기를 주님께서 자신을 보고 무섭게 노려보면서 인상을 쓰고 계셨다는 이야기를 들어본 적이 없습니다. 우리를 향한 주님의 시선에는 항상 사랑이 가득 담겨있습니다. 당신이 그것을 보지 않아도 당신은 그것을 느낄 수 있습니다. 당신을 향한 주님의 시선은 따사로운 사랑의 시선입니다.

"나는 악하고 게으르고 쓸모없는 종이다.." 그렇게 자책하지 마십시오. 주님은 당신의 수고를 아십니다. "내 종아.. 나는 너를 사랑한다. 염려하지 말아라. 네 스스로 혼자의 힘으로 그렇게 고생했지 않니. 이제 내가 도와주마.. 나와 함께 가자 나와 함께 일하자.. 그러면 너는 풍성한 열매를 맺게 될 것이다." 주님은 그렇게 말씀하십니다.

"주님.. 저는 주님을 오래 믿으면서도 신앙의 본을 보여주지 못했습니다. 주님.. 저는 악하고 게으른 종입니다.." 할 때 주님은 말씀하십니다. "아들아.. 네가 마르다처럼 많이 수고하지만 마음에 쉼을 얻지 못하는구나. 이제 내 안에서 안식하여라. 나와 함께 교제하자. 이제 너는 기쁨의 삶을 알게 될 것이다.."

44. 열매 맺지 못함을 자책하지 마십시오. 밥을 안 먹으면 누구나 배고픕니다. 옷을 입지 않으면 누구나 춥습니다. 그것을 가지고 자책하지 마십시오. 이제 주님의 사랑을 받아들이고 주님

을 먹고 마시며 주님으로 옷을 입으면 됩니다.

우리가 열매를 맺으면 그것은 주님의 은혜이며 주님의 역사입니다. 우리는 그 은혜를 믿음으로 그저 감사함으로 받아들인 것 밖에 없습니다. 그러므로 우리는 자랑할 것이 없습니다.

우리가 열매를 맺지 않았다면 그것은 우리가 주님의 은혜와 주님의 역사를 거절했기 때문입니다. 스스로 하려고 애썼기 때문입니다. 그러므로 이제 죄송하다고 하고 주님의 은혜를 받아들이면 됩니다. 그러면 열매를 맺게 됩니다.

"주님, 죄송합니다. 제 힘으로 하려고 했더니 정말 안 되더군요. 이제부터는 정말 주님을 붙들고 주님을 누리며 살겠습니다." 하면 됩니다. 그러면 "이제 알았니? 이제는 내가 역사하리라" 하십니다.

45. 악한 영의 공격에 대처하는 것에 대해서 이야기하다가 또 잠깐 흥분한 것 같습니다. 그래서 이야기가 또 길어졌습니다. 지금까지의 이야기를 정리해보겠습니다.

1) 악한 영은 외부의 사역자가 해결해줄 수 없다. 나의 영, 나의 의식, 나의 믿음이 바뀌어야 한다.

2) 우리의 의식, 파장이 악한 영의 흐름과 비슷하다면 우리가 그들을 쫓아도 그들은 계속 온다.

3) 그러므로 우리의 의식, 믿음이 바뀌어져야 한다.

4) 죄책과 자학이 악한 영과 징벌을 끌어당긴다.

5) 두려움은 악한 영을 강하게 만든다. 두려움에 대해서 생각하고 준비할수록 오히려 더 두려워하는 일이 일어나게 되고 잡히게 된다.

6) 악한 영의 공격과 증상이 있을 때 그것을 무시해야 한다. 주님의 승리를 선언해야 한다. '마귀야 너는 아무 것도 아니다!' 선언해야 한다. 악한 영을 두려워하고 대단하게 여기면 그것은 그들을 강하게 한다.

7) 죄책과 두려움의 해결은 주님의 십자가 완전한 사랑, 용서를 받아들이는 것이다.

8) 먼저 깨끗해진 후에 주님이 우리를 사랑하시는 것이 아니라 그 사랑을 받아들이고 믿어야 열매를 맺고 승리의 삶을 살 수 있다. 하나님은 당신을 사랑하고 또 사랑하신다. 불쌍히 여기신다. 햇살이 아낌없이 빛을 주는 것처럼 주님은 당신이 그 앞에 나아갈 때 사랑과 은혜를 주신다.

46. 한 가지 더 이야기하겠습니다.

사람의 중심은 심장입니다. 머리의 많은 지식, 머리에 쌓여진 말씀은 심장에 내려오지 않으면 실제가 되지 않습니다. 그러므로 심장에게 말씀을 계속 들려주세요..

"내 영혼아. 어찌하여 낙망하느냐.. 잠잠히 하나님을 바라라.. 내 영혼아.. 두려워하지 말아라.. 평안을 너에게 끼치노라.. 이 재앙이 네 장막에 이르지 못할 것이다.. 네 복역의 때가 끝났

느니라.. 하나님이 너를 사랑하신다. 지키신다." 영혼에게 평안이 올 때까지 계속 말씀을 쉽게 간단하게 요약해서 들려주십시오. 그리고 심장에게 여태까지 잘 돌보아주지 않아서 미안하다고 전해주세요..

"내 영혼아.. 미안하다. 너에게 말씀을 잘 먹이지 않았고 내 멋대로 했다. 주님이 너를 사랑하신다. 그리고 나도 너를 사랑한다.."

말씀을 먹이고 사랑의 고백을 할수록 심장은 깨어납니다. 그리고 점점 더 회복이 되어갑니다. 자꾸 눈물이 속에서 올라오게 됩니다. 감동과 기쁨이 일어나고 속에서 '아, 이젠 살았다..' 하는 마음이 일어나게 됩니다.

심령이 점점 더 평화로워지게 됩니다. 전에는 조금만 내 생각대로 일이 풀리지 않으면 짜증이 마구 나곤 했는데 점차로 그러한 상황에서도 마음이 편안한 상태가 됩니다. 이상하게 환경이 나빠도 요동이 되지 않고 사람들이 나쁘게 대해도 이상하게 기분이 그리 불쾌하지 않습니다. 점점 사람들이 사랑스럽게 보이게 됩니다. 심장이 살아날수록 하나님의 임재가 선명해지고 악한 영들이 점점 더 역사하기 어려운 상태가 됩니다. 그들은 빛을 싫어하기 때문입니다.

47. 영혼이 점점 회복되면, 더 충만하고 아름다운 삶을 위하여 주변 사람들에게 자주 사랑과 감사를 표현해야 합니다.

잘못한 일이 있을 때는 "여보.. 미안해.." "사랑해.. 고마워.." 이러한 표현을 자주 하십시오. "당신이 전에 내게 그것을 해주었을 때 내가 얼마나 고마웠는지 알아요?" "당신 때문에 내가 하루 종일 행복해.."

그러한 대화들은 영혼을 풍성하게 하며 아름다움을 일어나게 하기 때문에 악한 영들은 점점 더 괴로워집니다.

악한 영의 침입은 많은 경우 나쁜 관계를 통해서 오는데 모든 관계들이 점점 더 기쁨으로, 행복으로, 사랑으로 가득해지고 우리의 삶에 점점 더 천국의 향취가 나타나기 때문에 악한 영들은 굳이 대적하지 않아도 터전을 잃어버리게 되어 사라져가게 되는 것입니다.

48. 하나님의 용서와 사랑을 받아들이고 자책과 자학과 두려움이 없어지게 되면 자연히 영이 회복되고 사랑이 일어나고 기쁨이 일어납니다. 그래서 인간관계도 좋아지고 벽이 허물어지고 일도 즐겁게 하게 됩니다. 그러니 이러한 상태에서는 악한 영들이 힘을 쓸 수가 없습니다.

그러니 생각해보십시오. 대인관계에서의 갈등, 미워함, 판단하기, 용서하지 않는 것, 서로를 찌르는 날카로운 말들.. 자학, 자책, 원망, 짜증, 두려움, 근심, 염려.. 불신.. 낙담.. 좌절.. 이러한 먹이들이 가득한 상태에서 능력 있는 사역자에게 안수한번 받고 기도 받고 모든 문제가 끝나리라고 생각하는 것이 얼마나 어처구니없는 생각인지 말입니다.

　웅덩이가 있고 썩은 물이 고여 있습니다. 모기가 거기에 알을 낳고 많은 모기떼가 생깁니다. 그 모기떼를 다 처리할 수 있을까요? 어렵겠지요.

　그런데 그 웅덩이를 다 묻었습니다. 그리고 아름다운 꽃을 심었습니다. 꽃에는 향기로운 냄새가 나지요. 더 이상 모기는 오지 않고 아름다운 나비가 날아올 것입니다.

　잠시 이야기를 한다는 것이 또 길어졌어요.. 저녁 아홉시에 시작한 글이 벌써 밤을 꼬박 새웠네요. 벌써 새벽입니다. 조금 눈을 붙이고 아침에 틀린 글자를 조금 수정해서 올려야겠어요..

　똑같은 말을 반복하는 것이 비효율적이라 다시 비슷한 질문을 하는 분들에게 이 이야기를 하고 싶어서 이 메시지를 공지사항으로 올리려고 합니다.

　영적 전쟁에 대한 도움 요청 외에도 참 많은 도움 요청과 상담 요청이 옵니다. 하지만 이해를 해주셨으면 좋겠어요. 제게 주어진 것이, 해야 하지만 하지 못하고 밀려 있는 것이 너무 많다는 것을요.. 최근에 제가 메일에 답을 보낸 것이 150통은 넘을 것 같아요.. 사실 쉽지 않은 일입니다.

　사람들을 돕는 것은 저에게 행복한 일입니다. 대부분의 사람들이 말씀하시기를 저에게 외에는 아무 데도 물어볼 데가 없다고 하세요. 그리고 많은 고통과 슬픔을 하소연하세요. 이들을 격려하고 힘을 내라고 사랑한다고 저는 대답하고 여러 질문들에 대답들을 하죠. 하지만 행복하기는 하지만 점점 지쳐가고 있어요.

하고 싶은 것, 해야 할 일이 많이 있는데.. 항상 답을 해야 하는 메일이 기다리고 있으니까.. 마음이 거기에 가있게 되어요. 지금도 답할 것이 대 여섯 통이 남았네요. 이러다보면 책이나 일도 밀리게 되지만 휴식이 잘 안되죠. 음식도 안 넘어가구요. 무시하고 싶은 마음이 들기도 하지만 막상 사람들의 하소연을 들으면 마음이 아파서 그냥 지나갈 수기 없어요.. 이 사람의 문제가 해결되었는지.. 상황이 나아졌는지.. 계속 그런 것이 떠오르니까 벗어나기가 어렵죠..

생각해보면 비슷한 패턴이 반복되는 것 같아요. 처음에 카페를 시작하고.. 그러면 사람들을 돕고 친절하게 해주는 것이 기쁨이니까.. 그러다보면 점점 사람들이 늘어나요.. 그러다가 어느 한계에 오죠.

가장 힘든 것은 처음 오신 분들이 어둡고 비극적인 이야기를 많이 쓰시는 거예요. 카페에 어느 정도 있고, 가까운 이들은 처음에는 어두운 의식이 있어도 점점 기쁨의 사람이 되어가죠. 말도 글도 다 달라지고 천국의 향취에 가까워지게 되어요.

하지만 처음 오신 분들은 평소의 습관대로 어둡고 악한 파장을 일으키는, 악한 영들을 기쁘게 하고 강하게 하는 고백들을 많이 해요. 그러한 하소연들이 자기를 파괴하고 그 공간을 파괴하고 천국을 깨뜨리고 지옥을 확장시킨다는 것을 모르죠. 하소연하고 고통스러운 이야기를 할 때 거기에 생명력이 있기 때문에 자신이 점점 더 늪에 빠지게 된다는 것을 몰라요. 그렇게 살아왔으니까..

자기의 고통을 호소하고 하소연해서 문제가 다 사라지면 얼마나 좋겠어요? 술이 나쁜 것이니 다 마셔서 없어진다면 얼마나 좋겠어요? 하지만 마실수록 공장에서 술은 재생산되죠.

하소연은 그와 같아요. 주님께 시선을 두지 않고 문제에 집중하는 이들은 문제를 점점 더 커지게 만들지 없어지게 하지 않아요. 자기의 어두움을, 자기의 지옥을 온 세상에 전파하는 것뿐이죠. 우리는 문제는 잊어버리고 오직 주님을 바라보는 훈련을 해야 해요..

그런 글들을 보면 글을 쓴 분에게 쪽지를 보내고 이해를 구하고 삭제를 합니다. 수용하는 분들도 있지만 화를 내시는 분들도 있죠. 계속 사죄와 양해를 구하고 간신히 용서를 받곤 합니다.

그런 일이 반복되면 많이 지치죠. 카페를 아름답게 유지하는 것이 점점 힘들어지죠. 두려움을 고백하고 남을 비판하고 하소연하고 불신앙을 고백하므로 악한 영을 끌어당기는 곳은 세상에 많은데 굳이 그런 카페가 하나 더 있을 필요는 없지 않을까 싶으니 카페 폐쇄를 생각하게 되죠.

그러나 카페를 닫으려고 공고를 했다가도 막상 충격을 받은 회원님들을 보고는 차마 폐쇄는 못하고 한동안 잠수를 하고 카페에서 멀어지죠. 한동안 쉬고 있으면 회복이 되고 다시 사람들과 놀고 싶은 마음이 생기죠. 또 딜레마가 생겨요. 친절하게 하고 글도 자주 쓰고 싶은데 그러면 사람들이 늘어나고.. 그러면 다시 문제가 복잡해지고 많은 요청에 시달리게 되죠.

요즘에 다시 그런 시점이 오고 있는 것 같아요.. 갓피플에서 회원이 만 명이 넘다가 이곳에서 몇 십 명.. 몇 백 명.. 그래서 아.. 오붓하고 좋다.. 그랬는데 몇 달 만에 벌써 또 몇 천 명이 되네요.

농담같이 제가 가지고 있는 공포에 대해서 이야기를 해볼까요. 꿈에서 제가 목회를 하고 수많은 사람들이 몰려오는 서예요. 그런 꿈을 꾸면 좋아하시는 분들도 계시겠지만 저에게는 악몽입니다. 깨고 나면 끔찍하죠. 사람들이 많이 몰려오면 어떡하나.. 하는 두려움이 항상 있는 것 같아요. 저의 사역과 체질과 다르니까요. 그러니 저는 숨어있는 체질이고 좋은 사역자들이 많이 일어나기를 기도하고 소원하게 되죠.

저는 틀에 매이는 것을 싫어하고 자유분방한 편이고 소수의 사람들과 깊은 관계를 가지는 것을 좋아하는 편이라 많이 알려지는 것이 힘들게 느껴지네요.

아무튼, 그래서 이해를 부탁드리고 싶어요. 메일에 답이 없다고 화를 내시는 분도 있고, 도대체 왜 만나주지 않느냐고 화를 내시는 분들도 있어요. 하지만 저도 탈진하거나 아플 때가 많이 있어요. 제가 완전한 건강과 한이 없는, 지치지 않은 영력과 체력으로 항상 최고의 컨디션으로 모든 이들의 문제를 다 쉽게 해결 거라고 믿는다면 정말 곤란한 일이죠.

저의 책이 몇 십 만권이 팔렸으니까 독자님들이 몇 만 명은 넘을 텐데.. 모든 독자님들께 감사를 드리지만, 저는 책으로 작은 도움을 드릴 수 있을 뿐이고 그 이상은 제한적으로 감당할 수밖에 없어요.

강한 사역자님들도 많아요. 많은 일을 감당하면서 끄떡없는 분들도 많은 것 같아요. 그런데 저는 그릇도 작고 골골해서 감당할 수 있는 것이 많지 않아요.

목사라면 누구나 다 당연히 섬기는 것을 원하겠죠. 사실 목사라면 누구나 주님을 위해서 죽고 싶은 마음을 가지고 있을 거에요. 저도 당연히 그러한 마음을 가지고 있죠. 하지만 더 중요한 것이 하나님 나라를 위한 효율성이 아닐까 싶어요. 제가 좀 더 효율적으로 주의 일을 하는 것이 한 분 한 분을 개인적으로 돕는 것보다 낫지 않을까 싶어요.

제가 느끼기에는 오늘날의 신앙 패턴을 보면 많은 신자들이 누림과 안식을 모르고 기쁨이 없어요. 그저 열심히 애쓰면서 충성 봉사를 하는데 다들 지쳐있고 긴장과 어두움이 많아요. 신앙이 자유함을 주어야 하는데 자연스럽지 않은 신앙의 패턴이 오히려 영혼을 피곤하게 만드는 경향이 많이 있어요.

사역자들도 기쁨이 있는 분들을 별로 못 보았어요. 다들 슬프고 지치고 죄책과 무기력에 눌려있고 어둡고 창백하죠. 신앙의 시스템이 사역자나 신자나 천국의 기쁨, 그 향취가 무엇인지 잘 몰라요.

그래서 저는 사역자들이 기쁨을 얻고 자유함을 누리고 안식할 수 있도록 돕는 메시지를 많이 책으로 내고 그 쪽에 좀 더 집중을 하는 것이 낫지 않을까 싶어요. 헌신적이고 아름다운 사역자들이 원리를 몰라서 고생을 하는 일이 많으니까요.

사역자들이 기쁨이 넘치는, 천국을 누리고 행복으로 가득한 상태가 되면 그분들이 많은 신자들을 섬길 수 있고 자연히 행복한 신자들이 많이 일어날 수 있겠지요.

사역자들이 타락했고 잘못되었고 비판적인 시각을 가지시는 분들이 많은데 저는 그것이 아픈 것이라고 생각하고 내 죄라고 생각해요. 우리는 모두 예수 그리스도 안에서 한 몸이기 때문에 다른 지체의 아픔은 내 아픔이고 다른 지체의 죄는 내 죄에요. 발이 잘못한다고 잘라버리면 걸을 수 없어요.

사역자도 똑같이 사람이고 문제가 있을 수 있죠. 그러니 그것을 내 죄라고 여기고 주님께 죄송하다고 기도하는 사람들이 일어나면 다들 회복과 치유가 임할 수 있어요.

그래서 저는 저를 만나고 싶어 하는 분들의 소원을 들어드리는 것보다 개인가정 교사의 역할을 하는 것보다 신앙의 원리에 대한 글을 쓰는 데에 집중하고 싶어요. 제가 공개적인 글을 쓰는 것이 강의 수업을 하는 것이라고 할 수 있는데, 그것 외에 개인과외를 원하시는 분들이 참 많거든요.

그러니 죄송하지만 도움 요청은 좀 자제해주셨으면 하는 미안한 말씀을 드리고 싶어요. 계속 지친 상태에서 어느 한계에 이르게 되면 카페 운영도 어려워질 수 있거든요. 그러니 저에게 개인적인 도움을 얻는 것보다 제가 전하고 있는 신앙의 원리들을 적용하고 훈련해보는 것이 더 도움이 되지 않을까 싶어요.

쓰다 보니 하소연같이 되었나요? 부담을 느끼시지는 마시기를 바랍니다. 저는 사람들을 사랑하고 돌보는 것을 즐거워합니다. 주님이 사람들을 한 분 한 분 얼마나 사랑하시는지.. 기뻐하시고 안쓰러워하시는 것을 느끼기 때문에 주님의 그러한 마음을 전달하는 것이 참 좋아요. 다만 일이 많아지면 지치는 것뿐입니다.

감사합니다. 말이 길어졌어요. 제가 위로받고 싶어서, 노고를 치하 받으려고 쓴 글은 아닙니다. 그러므로 걱정하실 필요는 없어요. 괜히 "목사님.. 흑흑.. 어떡해요.." 뭐 이런 식으로 반응하지 마세요. "너무 고생하시는 우리 목사님.." 그런 분위기로 가지는 마세요. 여기는 북한이 아니니까요.. 목사를 높이면 목사는 정말 바보돼요. 주님께 감사드린다면 그 사역자에게는 보람이 있겠지요.

세상에 고생하지 않는 사람은 없어요. 모든 사람들은 각자 살아가면서 각자의 일이 있고 전쟁이 있고 기쁨이 있어요. 저만 특별하게 대단한 일을 하는 것이 아닙니다.

다만 효율성이라는 측면에서 이해해주시기를, 개인적으로 한

분 한분씩 돕지 못하더라도 너무 서운해 하지 마시기를 부탁드리는 것뿐입니다.

49. 마지막 결론입니다. 이것을 기억해두세요.

하나님은 당신을 사랑하십니다. 당신은 아름다운 사람입니다. 자책하지 마세요. 그것은 악한 영들에게 틈을 주어요.

'나는 사랑이 없어. 나는 못됐어. 나 같은 것은 아무도 좋아하지 않을 거야. 하나님이 나를 사랑하실 리가 없어..' 절대로 그러지 마세요..

그것은 주님을 슬프게 해요. 그러면 쓸데없는 고통을 당하시게 되어요. 두려움에는 형벌이 있어요. 왜냐하면 두려움은 믿지 않는 것이니까요.

믿음, 소망, 사랑은 항상 필요한 거예요. 믿음이 없으면, 신뢰가 없으면 두려움이 생기고 자책이 생겨요.

소망이 없으면, 갈망.. 주님을 미친 듯이 갈망하고 천국의 아름다움을 갈망하지 않으면 천국의 향취를 배부르게 먹을 수 없고 그래서 허기가 지니까 세상 쾌락을 좇게 되어요.

사랑이 없으면 적개심, 분노, 미움, 용서하지 않는 마음, 비판, 시기, 질투가 일어나죠.

그러니 주님의 용서와 사랑을 신뢰하는 믿음

주님과 천국을 갈망하는 소망

주님을 사랑하고 사람들을 사랑하는 것

내 영혼을 사랑하고 내 몸을 귀하게 여기고 사랑하며
내게 주어진 일을 사랑하고
내게 주어진 공간을 사랑하고 기뻐하며
항상 감사함으로 살면 악한 영들이 우리의 삶에 개입해서 들어올 수가 없는 거죠.
믿음의 결핍, 사랑의 결핍 때문에
그들은 그 빈구석에 찾아오는 것이니까요..
그러니 오직 감사하고 기뻐하고 사랑하고 신뢰하는 삶을 살아가야 합니다.
만나는 모든 분들을 항상 사랑하고 축복하세요. 감사합니다.
긴 글을 읽어주셔서 감사드립니다. 여러분들을 너무나 사랑합니다.
사랑하고 감사하고 죄송합니다. 주님의 은혜가 여러분들 가운데 넘치시기를 기원합니다. 사랑합니다.

10. 2. 24

13. 사랑과 애정의 기대가 지옥을 부른다

 사랑을 받고 싶은 것은 누구나 가지고 있는 본능입니다. 우리는 흔히 [당신은 사랑받기 위해서 태어난 사람..]이라고 찬양을 부릅니다.

 하지만 그 가사의 내용은 다른 사람들에게 적용을 해야 합니다. 자신에게 적용해서는 안 됩니다. 우리가 그러한 노래와 고백을 다른 이들에게 하는 것은 아름다운 일이지만 그 노래와 고백을 다른 사람이 우리에게 해주기를 바라는 것은 좋지 않습니다.

 이 진리를 기억해야 합니다. 우리가 다른 이를 사랑하기 원할 때 우리는 천국을 끌어당깁니다. 그러나 우리가 다른 이에게 사랑받기를 기대할 때 우리는 지옥을 끌어당깁니다.

 다른 사람의 사랑을 기대하는 어느 누구도 실망과 상처와 서운함과 고통에서 벗어날 수 없습니다. 사랑받는 것, 애정과 관심을 포기하지 않는 한 모든 사람들은 평생을 지옥의 영으로부터 벗어날 수 없습니다.

 욕망을 내려놓는 것이 마귀에게서 온전히 벗어나는 길입니다. 그 욕망 중에서 가장 중요한 것이 애정에 대한 욕구입니다. 애정받기를 원하고 기대하는 사람은 평생 악한 영들의 공격에서 자유롭지 않습니다.

그들은 마귀의 밥입니다. 그들은 수시로 실망하고 낙담하고 외롭고 서운하고 비참하고 광야에 혼자 서있는 느낌을 받게 될 것입니다. 주려고 하는 자는 천국의 풍성함을 누리지만 받고자 하는 자는 있는 것도 빼앗기게 됩니다.

그리움이란 좋은 것입니다. 그러나 사랑을 주고 싶은 그리움과 사랑을 받고 싶은 그리움은 천국과 지옥의 차이입니다. 우리는 줄 때 행복하지만 받기를 기대하면서 받지 못할 때 어두움의 고통 속으로 떨어집니다. 그것은 욕망을 포기하지 않았기 때문입니다.

나도 인간이니까 가끔은 사랑과 애정과 관심을 받고 싶다고 생각하지 마십시오. 그 순간 어두움이 찾아옵니다. 우리가 아무리 많은 사랑을 베풀어도 조금이라도 돌려받고 싶다고 생각할 때 어두움은 다가옵니다. 상처란 내가 준 것에 대해서 조금이라도 돌려받고 싶은 마음이 있을 때 옵니다.

아무 것도 기대하지 마십시오. 오직 주고 주고 또 주십시오. 돌려받음에 대한 아무런 기대 없이 그저 사랑하십시오. 그러면 당신은 천국을 누리게 됩니다.

상대방이 전혀 사랑으로 반응하지 않아도, 전혀 고마운 줄을 모른다고 해도 나는 사랑하겠다고 결심하십시오. 그것이 천국을 누리는 길입니다.

누군가 당신에게 애정을 준다면 감사하십시오. 하지만 그 순간 잊어버리십시오. 그것을 당신의 소유나 권리로 여기지 마십시오. 그렇게 되면 집착이 시작되고 다시 마귀의 조종에 넘어가게 됩니다. 받으면 감사하고 받지 않을 때는 잊어버리십시오. 우리는 사랑을 줄 때 천국을 누리는 것이며 사랑을 받을 때 천국을 누리는 것이 아닙니다.

우리가 애정을 기대할 때 우리는 전혀 기대하는 것을 얻을 수 없으며 더욱 더 비참해지고 마음이 상할 뿐입니다.

그러나 아이러니하게도 우리가 사랑에 대한 기대를 전혀 가지지 않고 오직 사랑하기만을 원할 때 우리를 향한 많은 사람들의 애정과 관심을 경험하게 됩니다. 많은 사람들이 우리를 찾게 됩니다.

그것은 그들이 우리 안에서 천국의 향취를 느끼기 때문입니다. 이기심이 없는 사랑, 계산이 없는 사랑은 곧 천국을 부르기 때문에 우리가 그러한 사랑을 선택할 때 우리는 천국의 영기를 누리고 사람들은 그것을 느끼게 됩니다.

자신에게 집중할 때, 사랑을 받으려고 할 때 우리는 평생을 외로움과 허전함 속에서 살게 될 것입니다. 이기심은 지옥의 원천이기 때문입니다.

그러므로 우리는 우리가 기대하던 사람이 우리에게 사랑을 주지 않기 때문에 외롭다고 평생을 오해하면서 서운해 하면서 살 것입니다.

그 사랑을 받으면 받을수록 비참해지는 것을 모르고 쥐엄 열매를 붙잡으며 살려고 할 것입니다. 세상 사람들이 하고 있는 애정에 대한 쟁취 투쟁은 쥐엄 열매를 서로 얻으려고 목숨을 거는 것과 같은 것입니다. 오늘날 사람들이 서로 얻으려고 투쟁하는 것은 먹어도 먹어도 전혀 배부르지 않는 것들입니다.

그러나 애정을, 사랑받기를 포기하고 오직 주려고 할 때 우리는 천국의 풍성함을 누리게 될 것입니다. 평생 외로움이 무엇인지, 우울함이 무엇인지 모르게 되고 기쁨의 샘, 평강의 샘을 누리며 살 것입니다.

세상에서 가장 오래된 종교가 있습니다. 가장 많은 사람들이 속고 있는 오래된 거짓말이 있습니다. 그것은 [나는 누군가의 온전한 사랑을 받을 때 행복해질 것이다.] 라는 것입니다. 그래서 사람들은 자기를 채워줄, 온전하게 사랑해줄 사람을 찾아다닙니다.

그것은 거짓말입니다. 사랑을 받을 때 행복한 사람은 아무도 없습니다. 그러한 기대는 지옥을 끌어당깁니다.

우리는 오직 사랑받기를 포기할 때, 그리고 온전히 사랑하기를 선택할 때 행복해집니다. 우리의 가슴을 채워줄 분은 주님 외에는 존재하지 않습니다. 이 우주 안에 인간으로서 우리를 채워줄 사람은 없습니다. 많은 사람들이 우상을 찾지만 그러한 우상은 이 우주 안에 없습니다.

사람들은 흔히 [내가 행복하지 않은 것은 사랑을 받지 못했기 때문이다. 사랑을 받지 못하고 자랐기 때문이다.] 라고 생각합니다.

하지만 그것은 오해입니다. 행복하지 않은 것은 사랑을 받지 못해서가 아니라 사랑하는 방법을 배우지 못했기 때문입니다. 그래서 사랑하지 않기 때문입니다. 사람은 사랑을 받을 때 행복하지 않으며 사랑을 할 때 행복합니다.

누군가가 당신을 죽도록 사랑한다고 해도 당신은 행복하지 않을 것입니다. 그것은 당신의 안에 깊은 만족을 주지 못할 것입니다. 어쩌면 그 사랑이 귀찮게 느껴지고 짜증이 날 수도 있습니다.

그러니 당신이 누군가를 위해서, 다른 이들을 위해서 목숨도 아깝지 않다고 여길 정도로 사랑한다면, 당신은 행복할 것입니다. 그것은 당신의 안에 깊은 만족감을 일으킬 것입니다.

주님이 당신을 사랑하신다는 것을 당신이 믿는다면 당신은 약간의 기쁨을 얻을 것입니다.

그러나 당신이 주님을 위해서 목숨이 아깝지 않다고 여길 정도로 주님을 그리워하고 사랑한다면 당신은 깊은 행복감을 느끼게 될 것입니다. 주님이 주시는 선물이 아니라 그분 자신을 사랑하고 앙망한다면, 당신은 깊은 영역에 들어갈 것입니다.

주님이 당신의 욕망을 채워주시고, 당신에게 편안한 삶을 살게 해주고, 당신의 명예를 높여주기 때문에 당신이 기뻐한다면 당신은 깊은 영역에 있는 것은 아닙니다.

그러나 당신이 자신을 온전히 드리고 아무런 권리와 보상을 기대하지 않고 오직 주님을 사랑하는 것으로 만족을 느낀다면 당신은 깊은 영역에 있습니다. 당신은 지성소를 경험하게 될 것입니다.

사랑에 대한 욕망을 내려놓으십시오. 애정에 대한 욕망을 내려놓으십시오. 인정받기를 구하지 마십시오. 사람의 칭찬과 인정을 내려놓으십시오. 당신은 해방됩니다. 마귀는 더 이상 당신을 괴롭힐 수 없습니다.

위로를 기대하지 마십시오. 격려를 기대하지 마십시오. 그것은 노예가 되는 지름길입니다. 받으면 감사하십시오. 그러나 기대하지는 마십시오. 받고 나면 잊어버리십시오.

오직 사랑의 통로가 되기를 결심하십시오. 아무런 기대 없이 오직 사랑하고 위로하고 격려하고 축복하기로 결심하고 또 결심하십시오.

"오, 주님.. 사랑하도록 도와주세요.." 하지 말고 그저 사랑하십시오. "오, 주님.. 사랑을 선택하게 해주세요.." 하지 말고 그저 사랑하십시오. 선택은 우리가 하는 것이지 주님이 하는 것이 아닙니다. 우리가 할 것을 주님만 찾으면 평생 사랑할 수 없습니다. 우리가 선택하고 나아가면 주님은 천사를 보내서 도우십니다.

사랑받기를 포기하십시오.

그것으로 우리는 지옥에서 벗어납니다.

사랑할 것을 선택하십시오.

그것으로 우리는 천국의 통로가 됩니다.

인생은 선택입니다.
우리가 좋은 쪽을 선택할 때
우리는 자신의 선택을 따라 빛과 영광과 아름다움과
세상에 숨겨진 보화의 영광을
누리고 누리고 또 누리게 될 것입니다. 할렐루야.

10. 3. 19

14. 우리는 진정 주님을 사랑하고 있는가

어디에 가든지 우리에게 관심과 사랑을 요구하는 이들이 있습니다. 하지만 우리는 그들을 좋아하지 않습니다. 그들은 우리의 취향에 맞는 사람이 아닙니다. 그들은 우리가 싫어하는 요소를 가지고 있습니다. 그것은 우리가 가장 싫어하는 것입니다.

우리는 그들을 지겹게 생각합니다. 피곤하게 생각합니다.

우리의 소원은 그들에게서 벗어나는 것입니다. 우리의 꿈은 그들이 우리의 삶에서 사라지는 것입니다.

하지만 우리의 소원은 이루어지지 않습니다. 그들은 우리의 삶에서 사라지기는커녕 점점 더 가까이 다가옵니다. 그들은 끈질기게 우리를 따라다닙니다. 그들은 우리를 귀찮게 하며 우리의 애정을 요구합니다.

우리는 너무나 화가 나고 속이 상합니다. 우리는 그들로 인하여 인생이 너무 피곤하다고 여깁니다.

반면에 우리가 좋아하는 사람이 있습니다. 그들은 우리의 이상형입니다. 우리는 그들과 가까워지기를 원하며 그들과 친해지기를 원합니다.

우리는 그들을 사랑하며 그들도 우리를 사랑해주기를 원합니다. 하지만 그들은 우리에게 잘 해주지 않습니다. 그들은 우리에게 관심이 없습니다. 그들은 우리의 마음을 모릅니다. 우리는 이로 인하여 몹시 슬퍼하며 인생은 너무 외롭고 고독한 것이라고 생각합니다.

하지만 우리가 알아야할 것이 있습니다. 우리의 삶에서 우리에게 사랑을 요구하며 다가오는 사람들은 누구일까요? 우리가 싫어하고 있는 그들은 누구일까요?

그들은 우리가 보기에 아름답지 않습니다. 그들은 우리가 볼 때 아름답고 흠모할 만한 것이 없습니다. 그들은 마른 줄기같이 아무런 매력이 없고 보기가 싫습니다. 그들은 우리가 좋아하는 스타일이 아닙니다.

우리의 삶에서 가까이 다가오는, 우리가 싫어하는, 우리가 간절히 떨어지기를 원하는 그들은 누구일까요?

그들은 바로 주님입니다. 그들은 주님이 보내신 사람이며 주님의 역할을 하는 사람이며 주님의 모습을 보여주는 사람입니다.

사실 우리가 거부 하고 있는 것은 그들이 아니라 주님입니다. 우리는 자신이 주님을 사랑한다고 생각하지만 사실 우리가 사랑하는 것은 자기 욕망이며 이상이며 취향입니다. 자기 영광이며 명예이며 찬사이며 편안한 삶이며 성공입니다.

주님은 우리에게 사랑하는 삶을 가르치시지만 우리는 다만 주님을 이용해서 편안한 삶과 자기욕망을 이루기 원할 뿐입니다. 우리는 사실 자신의 욕망을 사랑할 뿐 대부분의 경우에 있어서 주님의 사랑의 요구를 거절합니다.

우리가 사랑하는 사람들은 누구일까요? 그들은 사실 우리 자신의 모습입니다. 자신의 욕망입니다. 자신의 취향입니다. 그들을 좋아하고 사랑하는 것은 곧 타락한 자아의 악취나는 욕망을 우상화하고 갈망하는 것에 지나지 않습니다. 우리는 오직 우리 자신을 사랑하고 있는 것입니다.

우리 중 많은 사람들은 마지막 날 주님 앞에서 말할 것입니다.

"오, 주님.. 제가 얼마나 지금 이 순간을 기다렸는지 아세요? 제가 얼마나 주님을 그리워했는지 아세요?"

주님은 우리에게 말씀하실 것입니다.

"정말이냐? 그런데 왜 너는 그렇게 평생 나의 사랑의 요구를 거절했느냐? 나의 고통과 외로움과 슬픔을 외면하였느냐? 내가 아프고 힘들 때 왜 너는 나를 돌보지 않았느냐? 내가 얼마나 너를 찾았고 너의 사랑을 구했는데 왜 나를 그토록 혼자 두었느냐?"

우리는 대답할 것입니다.

"주님.. 그럴 리가요.. 제가 얼마나 주님을 사랑하는데요.. 제가 주님을 거절했다고요? 제가 주님을 돌보지 않았다고요? 그럴 리가 없는데요. 주님이 저에게 오셨다면, 저는 맨발로 뛰어나가 영접을 했을 거예요. 그러나 주님은 오시지 않았어요.. 그래서 저는 주님을 모실 수가 없었어요. 주님.. 저는 평생 기도와 예배로 산 사람이에요. 제가 얼마나 주님을 사랑하는데요..”

"딸아. 네가 평생 사랑한 것은 내가 아니라 네 자아의 만족이며 욕망이었다. 나는 너와 항상 같이 있었다. 나는 너의 남편의 모습으로 너에게 갔다. 아이들의 모습으로 너에게 갔다. 그리고 많은 모습으로 너에게 가까이 갔었다. 그러나 너는 나를 사랑하지 않았다. 너는 남편을 사랑하지 않았다..”

"주님.. 그는 악한 사람이에요. 그는 주님을 대적하고 욕하는 사람이에요. 그렇기 때문에 저는 주님을 위해서 그를 싫어했던 것입니다. 제가 얼마나 그를 위해서 중보하고 기도했는지 아시잖아요.”

"딸아. 네가 남편을 미워한 이유는 그가 너를 기쁘게 해 주지 않고 네 마음을 상하게 했기 때문이다. 네가 그를 싫어했던 이유는 그가 너의 취향에 맞지 않으며 네 마음에 맞지 않으며 그가 너를 모욕했고 네 마음을 아프게 했기 때문이다.

그것은 나와는 아무 상관이 없다. 그가 욕한 것은 나를 믿는다고 하는 자들의 위선과 거짓과 이기심의 악취를 싫어하는 것이지 나를 대적한 것이 아니다.

나는 오히려 그의 안에서 너의 사랑을 받기를 원했다. 그러나 너는 나를 계속해서 거절했다. 그리고 기도와 경건이라는 피난처로 도망을 갔다. 네가 기도한 것은 네 결혼생활의 행복과 즐거움을 위한 것이지 그 영혼을 진정으로 사랑하는 것이 아니었다. 너의 예배는 자기연민이 가득한 것이었고 마음이 나를 향하지 않았다. 딸아.. 나는 너무나 오랫동안 너의 사랑을 기다리다 지쳤다.."

마지막 날에 많은 신자들은 이러한 말을 듣게 될 것입니다. 그리고 자기 신앙의 순수성에 대해서, 중심 동기에 대해서 드러나는 것을 보게 될 것입니다.

아직 기회가 있을 때 우리는 자신의 중심을 돌아보아야 합니다. 세상에서 인정받는 신앙과 영원한 곳에서 인정받는 신앙은 같지 않습니다. 영원한 곳에서는 보이는 것이 아닌 보이지 않는 중심 동기가 드러나기 때문입니다.

오늘 우리는 우리 곁에서 우리의 사랑을 기다리시는 주님의 음성을 들어야합니다. 그리고 우리를 깨우치는 사람들의 말을 핍박으로 여기며 주님의 위로를 구하며 신앙과 경건의 탈을 쓰고 도피하지 말아야합니다. 많은 경우 우리에게 필요한 것은 위로가 아니고 깨달음입니다.

오늘날 세상에서 술을 마시고 육욕을 행하는 사람들보다 교회 안에 있으면서 스스로를 경건한 자, 기름부음 받은 자로 여기며 다른 이들을 판단하는 이들이 주님 앞에서 나을 것이 없다는 사실을 깨달아야합니다.

눈이 열리면 우리는 지금까지 자신이 진정으로 주님을 사랑한 적이 없음을 깨닫게 될 지도 모릅니다.

우리가 원했던 것은 단지 고통에서 벗어나는 것이었으며 부인해야할 우리의 자아와 욕망을 굳건하게 하려는 것이었음을 깨닫게 될 지도 모릅니다.

어쩌면 우리는 주님을 십자가에 못 박으라고 외치는 이스라엘 군중들의 함성이 바로 우리의 함성이며 요청인 것을 깨닫게 될지도 모릅니다.

스스로 주님을 사랑한다고 여겼지만 실제로는 주님을 대적하며 그를 어서 십자가에 못 박으라고 외치면서 평생을 살아왔다는 사실을 깨닫게 될지도 모릅니다.

우리가 진정 사랑하는 것은 자기 욕망과 자기 취향과 자기 입장과 자기 영광이며 우리의 사랑을 얻기 위하여 초라하고 비참한 모습으로 우리 앞에 나타난 주님에 대해서는 평생을 미워하고 싫어하면서 살아왔었다는 사실을 깨닫게 될지도 모릅니다.

아직 기회가 있을 때 우리는 자신의 중심동기를 돌아보아야 합니다. 자신의 자아와 욕망을 내려놓아야 합니다. 주님은 우리의 이상형으로, 멋진 모습으로 오시지 않고 초라한 모습으로 오시는 것을 우리는 이해해야 합니다.

그분은 백마를 타고 오시지 않고 초라한 망아지를 타고 오셨습니다. 백마를 타고 마차를 타고 왔다면 아무도 그를 못 알아보지 않았을 것이며 아무도 그를 십자가에 못 박지 않았을 것입니다.

오늘날에도 그분은 왕으로 오시지 않고 종으로 나타나십니다. 그러므로 그분을 알아보는 자가 적은 것입니다. 마음이 높은 자들은 그분을 알아볼 수 없습니다. 마음이 낮고 상한 심령을 가지고 자기를 부인하며 진정 그분을 갈망하는 이들만이 그분을 알아볼 수 있습니다.

당신의 주위에 주님이 보내신 이들을 영접하십시오. 그들은 곧 주님과 같은 존재들입니다. 당신의 마음에 맞지 않다고 미워하고 도피하고 판단하지 마십시오. 불쌍히 여기고 사랑하며 주님처럼 섬기십시오.

남편을, 아내를, 자녀들을, 부모님들을.. 직장의 동료와 상사들을, 부하 직원들을.. 주님처럼 여기고 사랑하며 접대하십시오. 그것이 주님을 섬기는 길입니다.

하루 종일 교회에서 살고 하루 종일 기도에 힘쓰는 것이 주님을 섬기는 것이 아니라 그들을 섬기고 돕고 사랑하는 것이 주님을 섬기고 돕고 사랑하는 것입니다.

말이 통하고 신앙이 통하고 취향이 통하는 이들과 같이 지내는 것이 영적인 것이며 주님을 섬기는 것이 아닙니다. 불편하고 맞지 않아도 나의 사랑이 필요한 사람들을 사랑하고 접대하고 섬기는 것이 영적인 것이며 주님을 섬기는 것입니다.

내 취향대로 자녀를 사랑하고 가족들을 사랑하지 마십시오. 내 취향대로 살면 자녀들도 내 눈에 드는 아이가 있고 싫은 아이가 있습니다.

내 마음에 맞는 사람을 사랑하는 것은 진정한 사랑이 아니고 자아사랑입니다. 그것은 정욕에 가까운 것입니다.

그러한 취향으로 인한 애정은 곧 지옥의 애정이며 우리의 삶에 지옥을 가득하게 합니다. 그러한 자아적 애정 욕망을 만족시킬수록 우리는 좁아지고 완악해지며 어두워집니다. 오직 주님의 눈으로 사람을 사랑하고 섬길 때 그것이 천국의 공간을 확장시킵니다.

사람들을 사랑함으로 주님을 사랑하십시오. 우리는 예배를 드릴 때는 입으로 주님께 사랑을 고백하며 삶에서는 사람들을 사랑함으로 행동으로 주님께 사랑을 고백하는 것입니다.

내 눈에 맞지 않는 자를 사랑하십시오. 싫어하는 자를 사랑하십시오. 나를 불쾌하게 하는 자를 사랑하십시오.

우리가 그렇게 하기를 선택할 때 주님은 우리에게 사랑할 수 있는 능력을 주십니다.

부디 자신의 상태를 이해하십시오. 아직 이 땅에 있을 때 자신의 상태를 분명하게 이해하십시오. 사랑하지 않는 한 우리는 주님을 알지 못합니다. 그리고 사랑할만한 자를 사랑한다면 거기에는 상급이 없습니다.

아직 기회가 있을 때, 우리의 육체가 이 땅에서 있어서 사랑을 배울 시간이 있을 때, 사랑을 훈련하고 실제적인 주님 사랑으로 나아가십시오. 그것이 우리가 이 땅에서 존재하는 가장 근본적인 이유이기 때문입니다.

10. 3. 30

15. 너그러움을 훈련하라

성품, 기질이 예민하고 철저한 사람들이 있습니다. 매사에 정확하고 철저한 것을 좋아하는 분들이 있어요. 그것은 좋은 면도 있지만 또한 많은 어려움이 동반될 수 있습니다.

예민한 성품은 피곤한 인생의 지름길입니다. 모든 것을 지나치게 철저하고 정확하게 하려는 사람은 삶이 피곤할 수밖에 없습니다.

이러한 기질의 사람들은 물건을 사더라도 이 물건이 조금의 흠도 없기를 바랍니다. 그래서 약간의 흠이 발견되면 아주 속상해하며 반품을 합니다. 그리고 다시 완전한 물건을 찾습니다. 그런데 이상하게 이러한 이들은 다시 결점이 있는 물건을 만나게 됩니다. 그래서 다시 마음의 평화를 잃어버립니다.

다른 사람의 잘못이나 약점을 보면 속이 상하고 화가 납니다. 그것을 지적하지 않고 참고 있으려면 속이 부글거리게 됩니다.

집안에 조금만 먼지가 있어도 마음의 평화를 잃어버리는 사람이 있습니다. 그래서 아무리 피곤해도 청소를 해야 합니다.

그러면 청소가 기쁨이 아니고 의무가 되기 때문에 그는 노예생활을 하게 됩니다. 즐거움으로 하는 것은 취미생활이지만 의무로 하는 일은 노예생활입니다. 똑같은 일을 행복하게 누리며 하는 사람도 있고 노예로서 비참하게 하는 사람도 있는 것입니다.

예민한 사람이라고 해서 모든 부분에 대해서 다 예민한 것은 아닙니다. 어떤 이들은 남들의 시선에 대해서 예민하며 어떤 이들은 환경에 대해서 예민하며 삶의 방식에 대해서 예민합니다. 이쪽 부분에서는 상대적으로 덜 예민한데 다른 부분에서는 아주 예민하게 반응합니다.

다른 것에 대해서는 너그러운데 시간약속에 대해서는 철저하며 상대가 늦는 것을 참지 못하는 이들도 있습니다. 상대가 늦는 것은 괜찮은데 자신이 늦는 것을 견디지 못하는 사람도 있습니다. 다른 것은 너그러운데 돈 문제, 물질 문제에 대해서는 약간의 손실이나 불이익이 있으면 견디지 못하는 사람도 있습니다.

어떤 상황에 있어서 본인의 생각에 약간이라도 불합리하다고 느껴지면 그것을 도무지 견디지 못하는 사람도 있습니다. 아무튼 어떤 방면이든 간에 예민한 면을 가지고 있으면 그는 그러한 것으로 인하여 고통을 겪게 됩니다.

무엇보다도 피곤한 사람은 자기 자신에게 예민한 사람입니다. 자신에게도 완전한 것을 요구하는 사람입니다. 이들은 자신이 무엇을 잘못하거나 실수할 때 견디지 못합니다. 자기 머리를 때리면서 "이런 바보 같으니! 멍청한 놈!" 하고 학대를 하는 사람도 있습니다. 무슨 게임을 하다가 실수를 해서 지게 되면 자신에게 마구 욕을 하는 사람도 있습니다. 이렇게 철저하고 예민한 사람이 있으면 본인도 괴롭지만 주위에서도 아주 힘이 듭니다.

그러한 기질의 사람이 부모나 교사라면 그들의 자녀나 학생들은 많은 어려움을 겪게 될 것입니다.

삶의 환희를 알지 못하고 의무와 율법 속에서 살도록 압력을 받게 될 것입니다. 똑같은 일이 마음 상태에 따라서 행복도 되고 고행이 되기도 하는 것입니다. 즐거운 등산도 있고 시지프스의 고행과 같은 등산도 있습니다.

그리스도인들은 특히 너그러운 마음을 가지는 것을 훈련해야 합니다. 자신이나 남의 잘못이나 실수에 너그러워지는 것을 연습해야 합니다. 자신이 좀 잘못했더라도, 오늘 하루 그리 승리의 삶을 살지 못했더라도, 스스로를 향해서 너무 꾸짖지 말고 '괜찮아.. 그럴 수도 있어.. 다음에는 좀 더 잘 할 수 있을 거야.' 하고 말해야 합니다.

"주님.. 오늘 조금 개판을 쳤어요. 죄송해요.. 그래도 저는 주님을 사랑하니까.. 좀 봐주세요. 다음에는 좀 더 잘 할 수 있도록 할게요. 그러니 봐주시고 도와주세요.." 하고 편안한 마음을 가져야 합니다.

다른 사람의 잘못에 대해서도 너그러워야 합니다.

"괜찮아요.. 저는 전에 더 심했어요.. 처음에는 다 그래요.."

"애들아. 괜찮다. 엄마는.. 아빠는 네 나이에 더 엉망이었어.." 하고 말하는 것이 좋습니다.

사실 저도 그런 경우가 있었죠. 딸아이가 중학교 시절에 하루는 청소 당번인데 도망을 가다가 선생님에게 걸려서 혼이 났죠.. 아이가 그 때 반에서 회장이어서 모범을 보여야 했는데도요..

아이가 그 이야기를 하기에 나도 말했죠..

"사실은.. 아빠도 중학교 시절에 반에서 반장이었는데 청소 때 도망가다가 잡혔던 적이 있단다. 너는 정말 아빠를 쏙 빼 닮았구나.." 그리고 포옹해주었죠.

뭐.. 잘 한 것은 아니지만, 사실 그렇게 도망가는 것이 좋지 않은 일이라는 것은 다 아는 것이니까요.

그런데 그러한 일에 대해서 무섭게 혼을 내고 하면 다시는 마음 편하게 자백을 하지 않을 거예요. 우리 아이들은 자기들이 무슨 잘못을 해도 우리들이 그들의 이야기를 다 들어주고 돕고 해결책을 제시하며 여전히 그들을 사랑하고 축복한다는 것을 잘 알고 있으니 억압이나 중독이 잘 되지 않지요. 중독은 대부분 억압으로 인해서 생기는 것이니까요.

우리는 어떤 면에서 철저해야 하는 면이 있지만, 또한 많은 면에서 너그러움을 훈련해야 합니다. 우리는 완전한 사람이 아니죠. 그리고 성장이란 하루아침에 되지 않아요. 그래서 너무 높은 기준을 가지고 있으면 삶이 피곤합니다.

산 물건이 마음에 들지 않아도, 받은 선물이 마음에 들지 않아도, 집이나 환경이 조금 마음에 안 차는 면이 있어도, "괜찮아. 괜찮아. 그럭저럭 쓸 만해.. 이것은 대신에 이런 면이 좋아.." 이런 식으로 너그러운 마음을 가지게 되면 점점 더 삶의 즐거움을 누릴 수 있어요. 점점 더 인간관계에서도 행복해지게 되죠. 사람들의 약점을 점점 더 용납하게 되고 사람들을 점점 더 정죄하지 않고 좋아하는 마음이 일어나게 되니까요. 그러므로 사람들은 우리 근처에 있을 때 점점 더 마음의 편안함과 따뜻함을 느끼게 되고 가까이 오게 되죠.

우리는 그리스도 안에서 완전을 추구하고 성장을 추구해야하지만 너무 급한 마음을 가지고 서둘러서는 안 됩니다. 영적성장이란 단거리 경주가 아니고 마라톤과 같은 것이니까요. 그러므로 급한 마음보다는 꾸준한 마음, 여유 있고 넉넉한 마음이 필요합니다.

너무 빨리 가지 말고, 너무 완벽하게 하려고 하지 말고 대충대충 적당히.. 하는 식으로 편안한 마음을 가지고 오늘의 삶을 걸어가십시오. 자신이 잘못해도 너무 나무라지 말고 감사하십시오.

당신은 부족한 사람이지만, 그래도 주님은 당신을 좋아하십니다. 주님은 당신을 향해서 부드럽고 따뜻한 시선을 가지고 계시지, 청소할 때 먼지를 조금 남겨두었다고 눈을 부라리시지 않습니다.

"네가 부족하기 때문에, 내가 너를 사랑하는 거란다. 나의 사랑과 은총이 없이는 너는 아무 것도 할 수 없단다.." 하고 주님은 말씀하십니다.

정말 철저하게 해야 하는 것의 명단을 정하십시오. 이것만큼은 정말 우선적으로 철저해야 한다는 것을 몇 가지 정해두십시오. 거기에 무엇을 두느냐는 각 사람의 인생관, 가치관이 달려있는 문제입니다.

그리고 그렇게 정한 것 외에는 가급적이면 너그럽고 여유 있는 마음을 가지십시오. 자주 자주 "괜찮아.. 잘 했어..그럴 수도 있어.." 하고 말하십시오. 자신에게도 다른 사람에게도 그렇게 말하십시오.

이상하게도 우리는 너그럽고 여유 있게 할수록 더 좋은 결실을 거두게 됩니다. 긴장되어서 철저하게 하려고 애를 쓸수록 오히려 더 실수하고 결실이 부족하지만, 느긋하게 내충 하면서 오히려 더 많은 결실을 거두게 됩니다.

그것은 긴장할수록 육체가 역사하지만, 편안한 마음으로 할수록 영혼의 능력이 흘러나오기 때문에 영감의 도움을 얻어서 자연스럽게 풍성한 결실을 얻게 되기 때문입니다.

자신에 대해서, 타인에 대해서 너그러워지십시오.

환경에 대해서, 상황에 대해서 너그러워지십시오.

여유와 너그러움에 익숙해질수록 당신은 좀 더 변화와 성장에 가까이 가게 될 것이며 주님의 사랑과 용서도 더 잘 받아들일 수 있게 될 것입니다. 그리하여 아름답고 풍성하고 행복한 삶을 맛보고 누리게 될 것입니다.

10. 4. 3

16. 주님께 무한리필을 받으라

우리가 가지고 있는 대부분의 문제는 결핍의 문제입니다. 우리는 충분하지 않습니다. 충만하지 않습니다. 그것이 문제입니다.

삶의 방향이 자아의 충만이라면, 자기 욕구이며 야망이라면, 소유이며 명예라면.. 그것은 문제가 있습니다. 그것은 방향을 예수님으로 바꾸어야 합니다.

삶의 의미, 방향, 존재이유, 목적.. 모두 다 예수님을 향해서 바꾸어야 합니다. 예수님을 알고 가까이 누리며 예수님의 통로가 되는 것.. 그렇게 예수님 중심으로 바꾸어야 합니다.

그런데 방향은 예수님인데, 충만하지 않습니다. 주님의 길을 가려고 하는데 충만하지 않고 결핍되어 있습니다. 그렇다면 그것은 곤란합니다.

그것은 풍성한 삶이 아닙니다. 배에서 생수가 넘쳐서 흘러나야 하는데, 흘러나기는커녕 가뭄의 논바닥과 같아서 자기 먹고 쓸 것도 부족합니다. 충만하지 않습니다. 흐를 것이 없습니다. 그것이 문제입니다.

우울함은 기쁨의 결핍입니다. 짜증은 사랑의 결핍입니다. 두려움은 믿음, 신뢰의 결핍입니다. 분노, 미움도 사랑의 결핍입니다. 무기력은 활력의 결핍입니다. 문제는 우리가 결핍되어 있으며 충만하지 않다는 것입니다.

어떻게 우리는 그 결핍을 채울 수 있을까요? 그것은 아주 간단합니다. 주님은 우리의 양식이 되십니다. 주님은 하늘의 양식입니다. 주님은 참된 양식이며 참된 음료입니다.

그러므로 우리가 주님을 먹고 마실 때 주님은 마지막 날에 우리를 다시 살리실 뿐 아니라 지금 이 순간에도 우리에게 충만한 삶을 주십니다. 충만한 기쁨 충만한 사랑, 충만한.. 넘치는 활력을 주십니다.

주님은 실제적인 분이십니다. 우리가 결핍되었을 때 우리는 단지 주님께로 가서 그분을 먹고 마시면 됩니다. 그러면 우리의 결핍은 사라지고 우리는 충만한 사람이 됩니다.

중국집을 운영하는 어떤 아저씨가 가끔 시간을 내어 군부대를 방문해서 음식 봉사를 한다는 기사를 본 적이 있습니다. 그런데 짜장면을 주면서 무한리필을 해주신다는 것입니다. 누구든지 먹고 싶은 만큼 리필을 해주신다는 것이죠. 거기서 [무한리필]이라는 말이 마음에 와 닿았습니다.

바로 주님이 우리에게 하시는 것이 [무한리필]입니다. 우리는 주님을 무한리필 받을 수 있습니다. 배고플 때 힘들 때 외로울 때 무한리필을 받을 수 있습니다.

부활의 의미는 바로 그것입니다. 부활 이전에는 "나를 먹고 마셔라"는 주님의 말씀을 적용할 수 없었습니다. 유대인들도,

제자들도 주님의 말씀에 헛갈려 했습니다.

"이 말씀은 어렵도다.. 우리가 어떻게 주님을 먹을 수 있는가?" 하고 헤맸습니다. 실제로 십자가에서 죽으시고 부활하시고 영으로 오시기 전에는 아무도 그 말씀을 적용할 수 없었습니다. 식인종이 아닌 다음에야 주님을 직접 먹을 수 없는 것입니다.

그러나 이제 부활하시고 영으로 오셨습니다. 그러므로 이제는 누구든지 원하는 사람들은 다 포도주와 젖을 살 수 있습니다. 값없이 먹고 마실 수 있습니다. 무한리필이 가능해진 것입니다. 그것이 부활의 의미입니다.

어떻게 주님으로 충만될 수 있을까요? 참된 음료이고 참된 양식인 주님을 먹을 수 있을까요? 그것은 아주 간단합니다. 주를 부르면 됩니다. 누구든지 주의 이름을 부르면 그 영은 우리에게 임하십니다. 믿음으로 주를 먹고 마시면 됩니다.

주를 들여 마시며 "오, 주님. 저는 지금 주님을 부릅니다. 주님을 마십니다. 주님을 받아들입니다. 저를 채워주십시오." 하면 됩니다.

외로울 때 우리는 주님께 나아갑니다. 그리고 무한리필을 받습니다. 슬플 때, 짜증날 때 마음이 두려워질 때 우리는 주님을 부릅니다. 먹고 마십니다. 우리는 충만될 수 있습니다. 마음이 기뻐지고 즐거움이 일어나며 희망이 일어나며 사랑이 일어나게 됩니다.

화가 날 때, 불안할 때, 두려울 때.. 속으로 조용히 불러보십시오. "나의 하나님.. 나의 하나님. 나의 예수님.. 나의 주님.."
그렇게 계속 부르십시오. 속에서 달콤한 기쁨이 일어나기 시작합니다. 편안한 마음이 일어나기 시작합니다.

주님께 고백하십시오.
"당신은 나의 왕이십니다.
나는 주님을 사랑합니다.
주님이 없으면 나는 살 수 없습니다.
당신이 없는 삶은 상상할 수도 없습니다.
나는 주님을 높여드립니다.
나는 당신을 찬양합니다.
나는 당신을 예배합니다.."

계속 주를 부를수록, 계속 주님께 고백할수록.. 우리의 시선이 그를 향하고 부르고 예배할수록 마음에 평안은 증가됩니다. 왜일까요? 그분은 우리의 곁에 계시며 아주 실제적인 분이시며 언제나 무한리필이 되시기 때문입니다.

오늘날 많은 이들이 굶주림 속에서 살고 있습니다. 심지어 복음을 알고 있는 신자들까지도 그러합니다.

당신은 이제 더 이상 그렇게 살지 마십시오. 주님은 실제이시며 그분을 맛보고 누리는 것은 아주 실제적인 것입니다. 그분의 임재는 아주 가까우십니다. 그분을 부를 때 그 충만함은 이루어집니다.

오늘도 무한 리필을 받으십시오. 주님으로 충만되십시오. 충만한 기쁨, 넘치는 사랑으로, 활력으로 가득해지십시오.

누구든지 배고픈 자들은 주님께 나아와서 무한한 충만함을 받을 수 있습니다. 그분은 살아계시며 구하는 자들에게 생명을 공급하시는 참된 음료이며 참된 하늘의 양식이시기 때문입니다.

10. 4. 6

17. 지금이 우리 인생의 정점이다

사람들은 항상 행복이 미래에 있다고 생각합니다. 지금은 힘들지만, 조금 참으면 나중에 행복이 올 것이라고 생각합니다.

지금은 어렵지만 적금을 타게 되면 상황이 나아질 것이라고 생각합니다. 지금 짝이 없어서 힘들지만 나중에 짝이 생기면 행복해질 것이라고 생각합니다. 지금 배우자로 인하여 고통스럽지만 언젠가 그에게서 벗어날 때가 올 것이고 그 때는 행복할 것이라고 생각합니다.

시험이 끝나면, 대학에 가면 행복할 것이라고 생각합니다. 대학을 졸업하면, 직장을 얻으면, 자녀를 다 출가시키면 이제 더 이상 고통이 없이 홀가분한 삶을 누릴 것이라고 생각합니다.

사람들은 다 그와 같은 미래의 신기루를 좇고 있습니다. 미래의 행복을 좇고 있습니다. 지금은 고통스럽지만 미래에 그와 같은 날이 올 것이라고 믿습니다.

하지만 그러한 미래는 오지 않습니다. 그 때가 되면 그들은 또 다시 행복하지 않은 이유를 발견하게 될 것이고 또 다른 미래를 기다릴 것입니다.

그들은 지금의 아름다움과 소중함을 잃어버리며 결코 존재하지 않는 미래와 미래의 행복을 여전히 찾게 될 것입니다. 지금

의식을 바꾸지 않으면 그렇게 평생의 세월을 잃어버리게 될 것입니다.

행복할 시점은 바로 지금입니다. 지금을 불행하게 여기면서 미래가 행복할 것이라고 믿는 것은 어리석은 것입니다. 지금 불행의 의식을 가지고 불행의 씨앗을 심으면서 미래가 즐거울 것이라고 믿는 것은 콩을 심고 팥이 나오기를 기대하는 것과 같습니다.

지금 행복한 사람은 나중에도 행복할 것입니다. 지금 불행한 사람은 나중에도 불행할 것입니다. 결혼하기 전에 행복한 사람은 결혼을 하면 더 행복해질 것입니다. 결혼하기 전에 불행한 사람은 결혼을 하면 더 불행해질 것입니다.

가난할 때 행복한 사람은 부자가 되면 더 행복해질 것입니다. 가난할 때 불행한 사람은 부자가 되면 더 불행해질 것입니다. 학벌이 없다고 불행한 사람은 원하는 학벌을 얻으면 더 불행해질 것입니다. 행불행을 결정하는 것은 사람의 의식 수준과 영혼의 깨어남의 정도이지 환경이나 조건이 아닙니다.

사람들은 흔히 불행과 고통이 환경에서 온다고 믿지만 그것은 착각입니다. 불행은 의식의 수준과 영혼의 상태에서 옵니다. 영혼이 병들어서 의식의 수준과 상태가 왜곡되었기 때문에 불행이 옵니다.

영혼이 병든 것은 그 사람과 주님과의 관계가 잘못되었기 때문입니다. 그 근원은 사람이 에덴에서 떨어진 것입니다. 그리고 그것만이 사람이 불행하다고 느끼는 의식의 근원입니다. 에덴을 회복하고 주님과의 관계를 회복한 사람은 더 이상 환경의 노예가 되지 않습니다.

영이 회복되고 의식이 회복된 사람은 살아도 행복하고 죽어도 행복합니다. 가난해도 행복하고 부자가 되어도 행복합니다. 결혼해도 행복하고 혼자 있어도 행복합니다. 길을 걸어도 행복하고 잠을 자도 행복하고 먹어도 행복하고 굶어도 행복합니다. 그것은 그의 의식이 주를 향하고 있고 천국을 향하고 있기 때문입니다.

사람을 불행하게 하는 것은 오직 병든 영혼이며 거기에서 나오는 왜곡되고 병든 의식입니다. 그러나 사람들은 자신의 영혼이 잘못되고 의식이 잘못된 것을 알지 못하고 오직 세상이 잘못되었으며 환경에 문제가 있다고 생각합니다.

사람들은 지금 자신이 가지고 있는 것을 볼 줄 모르며 누릴 줄 모릅니다. 자기가 가지고 있는 것 아홉 가지에 대해서 맛보고 누리지 못하며 없는 것 한 가지에 의식을 집중해서 낙담과 좌절을 느낍니다. 그것은 그의 의식이 병들었기 때문입니다.

지금은 고통스럽지만 나중에 행복이 오리라고 믿는 이들은 세월이 흐른 후에 지금의 순간이 좋은 때이며 인생의 절정에 있었음을 알게 될 것입니다.

돌이켜보면 항상 우리는 지나간 시절을 그리워하게 됩니다. 어린 시절, 아무 가진 것이 없어도 철없이 뛰놀던 그 시절을 우리는 그리워합니다. 돌이켜보면 절정은 미래에 있지 않고 바로 그 순간에 있는 것입니다.

우리는 행복했던 순간들을 너무 오랜 시간이 지난 후에야 그 때가 행복했었다고 깨닫곤 합니다. 그리워하곤 합니다. 하지만 이제 더 이상 그렇게 해서는 안 됩니다. 우리는 지금 이 순간, 찬란함과 황홀함을 누릴 수 있습니다.

지금 없는 것에 마음을 집중하지 마십시오. 지금 있는 것을 누리십시오.

지금 안아줄 수 있는 아이가 있습니까? 그 아이의 뺨을 찔러보십시오. 그것이 얼마나 말랑거리는지, 아름답고 사랑스러운지.. 느껴보십시오. 의식을 집중하십시오. 그들의 눈을 들여다보십시오. 그것이 얼마나 맑고 아름다운지.. 느껴보십시오.

아이가 뛰어놀고 있나요? 이 아이들의 활기와 웃음, 장난이 얼마나 놀라운 것인지.. 느껴보십시오. 그들에게 "너희는 너무나 아름답고 사랑스러운 존재란다.." 하고 말할 수 있나요? 그러한 고백들은 우리의 인생을 황홀함으로 가득 차게 합니다.

꽃의 향기를 느낄 수 있나요? 산들 바람을 느낄 수 있나요? 그 섬세한 아름다움을 놓치지 마십시오.

먼 곳을 볼 수 있나요? 먼 산을 볼 수 있나요? 볼 수 있고 느낄 수 있는 것은 너무나 아름답고 놀라운 일입니다.

가족이 있나요? 늙은 아내가 있나요? 그녀가 얼마나 당신을 위하여 헌신했는지.. 그녀가 얼마나 아름다운지.. 느낄 수 있나요? 그녀 얼굴의 늙은 주름이 얼마나 아름답고 사랑스럽게 보이는지.. 느낄 수 있나요? 그녀에게 감사하다고.. 너무 고맙게 생각하고 있다고.. 사랑한다고.. 말할 수 있는 것이 얼마나 황홀한 것인지 느낄 수 있나요?

아이들이 있나요? 그들에게 "얘.. 너희를 키우는 것.. 너희를 사랑하는 것이 엄마에게.. 얼마나 기쁨이 되는지 아니? 너희는 엄마의.. 아빠의 행복이란다.." 그렇게 말할 수 있나요? 그리고 그렇게 말하는 것이 얼마나 영혼을 풍성하게 하는지 느낄 수 있나요?

늦게 귀가하는 아이들을 기다리는 설렘을 느낄 수 있나요? 그들의 익숙한 발자국소리, 문을 열고 들어오는 소리에 가슴이 뛰고, 사랑과 기쁨과 행복을 느낄 수 있나요? 그들의 가방을 받아주고 짐을 받아주면서 "어서 오너라.. 힘들지.." 하고 말할 때 행복을 느낄 수 있나요?

늙은 부모님이 계신가요? 그분들의 헌신을 기억하나요? 그분들에게 "엄마.. 아버지.. 제가 얼마나 감사하고.. 사랑하고 존경하고 있는지 모르실 거예요." 그렇게 말할 수 있나요? 그러한 고백이 얼마나 감격적인 것인지.. 그리고 우리의 인생을 정점으로 만들어가는지.. 느낄 수 있나요?

꽃의 향기.. 사람들의 웃음.. 음식의 맛을 느낄 수 있다는 것..

아름다운 음악소리.. 주님을 예배하는 것, 찬양하는 것.. 아이를 안아줄 수 있는 것, 아이의 머리를 쓰다듬어줄 수 있는 것.. 걸을 수 있는 것.. 우리는 지금 이 순간, 우리의 인생을 황홀하게 만들 수 있는 많은 것을 가지고 있습니다.

그것을 그냥 지나가지 마십시오. 오늘 지금 이 순간을 즐겁고 행복하게 보내십시오. 미래를 위하여 지금 이 순간의 즐거움을 놓쳐버리지 마십시오. 행복은 관점이며 선택입니다.

오늘 우리는 인생의 정점에 있습니다. 오늘 우리는 주님과 함께 황홀한 기쁨을 누릴 수 있습니다.

이 순간을 아름답게 보내십시오. 세월이 지난 후에 당신은 이때를 아름답게 회상할 수 있을 것입니다.

고3시절이 끝나야 행복할 것이라고 믿지 마십시오. 자녀가 대학에 들어가야 마음을 놓고 행복할 것이라고 생각하지 마십시오. 군에 간 아들이 집으로 돌아와야 행복할 것이라고 생각하지 마십시오. 기다림도 행복입니다. 그리움도 행복입니다.

행복에는 아무 조건이 없습니다. 행복해지기 위해서 오랜 시간을 기다려야 한다고 생각하지 마십시오. 기다릴 필요가 없습니다. 지금 이 순간이 행복입니다. 그렇게 선택하기만 하면 말입니다.

빚을 다 갚아야 마음의 고통에서 벗어날 것이라고 생각하지 마십시오. 질병이 완전히 나아야 행복할 것이라고 믿지 마십시오. 오해가 풀려야, 억울함이 풀려야 행복할 것이라고 믿지 마십시오. 그런 것들은 다 왜곡된 의식입니다. 속고 있는 것에 불과합니다. 신기루를 좇고 있는 것입니다.

고3때도 행복할 수 있습니다. 시험을 준비하면서도 행복할 수 있습니다. 가난해도 행복할 수 있습니다. 아파도 행복할 수 있습니다. 그 때도 태양은 떠오르고 산들 바람은 불어옵니다. 무엇이든 주님과 같이 걸으면서 살고 행하면 우리는 모든 것을 즐길 수 있습니다.

지금 이 순간이 우리 삶의 절정입니다. 우리는 오늘 이 순간 천국의 여정을 걸을 수 있습니다. 숨을 쉬십시오. 그 숨으로 인하여 기뻐하십시오.

주님으로 인하여 기뻐하십시오. 음식을 씹으며 그 맛을 음미하고 즐거워하십시오. 교제로 인하여 기뻐하십시오. 상대방을 사랑하고 축복할 수 있음을 즐기십시오.

산, 하늘, 주위의 사람들, 당신이 지금 하고 있는 일.. 그 모든 것으로 인하여 기뻐하고 누리고 즐기십시오. 우리는 지금 인생의 정점에 있습니다.

우리는 지금 많은 것을 즐기고 누릴 수 있습니다. 지금 없는 것으로 슬퍼하지 말고 있는 것을 충분히.. 충분히 누리며 만끽하십시오. 살아있는 것은 행복입니다. 그것은 곧 천국의 삶을 연습하는 것과 같습니다.

지금, 오늘 이 순간 우리가 주님과 함께 황홀함 속에 거할 때 우리의 삶, 우리의 미래는 더욱 더 아름답고 놀라운 것이 될 것입니다. 그리고 언젠가 영원한 곳에서 우리는 지금 맛본 주님의 은총, 천상의 삶을 영원토록 누리며 환희 가운데 들어가게 될 것입니다. 할렐루야.

10. 4. 22

18. 인생이란 정화와 헌신의 과정이다

그리스도인에게 있어서 인생이란 주님께 사로잡혀가는 과정, 주님께 드려져가는 과정입니다.

우리는 모두 주님의 지성소에 초대를 받았습니다. 그리고 그곳을 향하여 나아가는 중에 있습니다.

사람들은 흔히 인생의 성공 여부를 얼마나 유명한 사람이 되었는가, 많은 지식을 쌓았는가, 많은 것을 소유했는가 하는 등으로 평가할 것입니다. 그러나 그것은 세상 사람의 관점이지 주님께 속한, 주님을 향한 사람의 관점은 아닙니다.

진정한 성공인은 주님께 드려진 사람입니다. 헌신된 사람입니다. 그리하여 주님께 속하게 된 사람입니다.

우리는 아직 충분히 성장하지 않은 영적인 어린이의 시절에 자신을 주님께 드리고 또 드렸을 것입니다. 그리고 그 드림에 대한 고백은 우리를 달콤하게 했으며 눈물과 기쁨으로 가득하게 했을 것입니다.

하지만 조금 성장했을 때 우리는 자신의 드림이, 드림에 대한 고백들이 피상적이고 개념적인 것이라는 사실을 아프게 느끼게 될 것입니다. 우리의 고백에도 불구하고 막상 현실의 여러 상황에 부딪혀보면 우리는 여전히 드려지지 않았으며 많은 것들을 붙들고 있으며 여전히 우리 인생의 주인으로서 살아가고 있는 자신을 발견하게 됩니다.

우리는 여전히 사소한 것으로 인하여 근심하고 화를 냅니다. 조금만 공격을 받거나 오해를 받으면 분노하며 자신을 불쌍히 여기고 상대에 대해서 판단하는 마음을 가집니다.

우리는 조그만 칭찬에 기고만장하며 조그만 푸대접에 분노합니다. 우리는 아직도 주님과 천국에 너무나 먼 곳에 거하고 있는 것입니다.

인생이란, 영의 성숙이란 우리의 그러한 헌신, 드림들이 좀 더 구체화되고 실제적이 되어가는 과정이라고 할 수 있습니다.

삶의 여정, 훈련들은 아직 우리가 주님께 드리지 않은 많은 것들을 처리하고 정화해갑니다. 자신을 주님께 속했다고 여기는 어떤 사람이 물질에 대해서 자유하지 않다면, 그는 물질적인 어려움에 빠지게 될 것입니다. 그것이 그의 훈련입니다.

자신의 몸과 건강에 대해서 지나치게 걱정하며 붙들고 있는 사람이 있다면 그가 아무리 건강에 힘을 쓰더라도 그는 건강으로 인하여 어려움을 겪게 될 것입니다.

아직 충분히 애정을 드리지 않은 이가 있다면, 그래서 쉽게 애정의 우상에 빠지는 사람이 있다면 그는 그 애정의 집착으로 인하여 많은 고통과 가슴의 찢김을 남은 인생동안 겪게 될 것입니다.

그러므로 우리의 삶, 우리의 미래가 어떻게 진행되는가 하는 것은 그 사람의 안에 처리 받아야 할 것들이 무엇인가 어느 정도인가 하는 수준에 따라서 이루어집니다. 그러므로 영적인 여정의 경험이 많은 이들은 사람들의 상태를 보고 그의 미래가 어떻게 진행될지, 앞으로 어떤 일들이 다가오게 될지 짐작할 수 있는 것입니다.

오늘날 많은 신자들은 아직 이 훈련이 시작되지 않은 상태에 있습니다. 그것은 그들이 영적으로 유아의 상태이기 때문에 아직 훈련을 감당할 수 없기 때문입니다. 주님께서는 그러한 이들을 아직 본능적인 상태에 그대로 내버려두십니다. 그들은 죄를 짓고 세상의 가치관을 따라 멋대로 살지만 아직 훈련이 없습니다.

하지만 그것은 결코 축복의 상태가 아닙니다. 그들은 아직 세상의 떡을 먹고 세상을 구하며 하늘의 신령한 만나가 무엇인지 알지 못합니다. 고난이 없다는 것은 결코 행복한 상태가 아닌 것을 우리는 이해해야 합니다.

우리의 영혼은 훈련을 통하여 정화를 통하여 점점 더 깨어나게 됩니다. 그리고 그 깨어남의 결과는 갈망의 증가입니다.

어떤 이들은 주님을 찾지만 힘들 때, 고통스러울 때, 문제가 있을 때만 찾을 것입니다. 문제가 사라지면 그들의 갈망도 같이 시들어질 것입니다.

그러나 훈련을 통하여 눈이 떠지고 영혼이 깨어날수록 그에게는 갈망이 증가됩니다. 그는 사모함으로, 갈망으로 견딜 수가 없습니다.

그는 날마다 기도하고 또 기도하며 주님의 얼굴을 구하지 않으면 견딜 수 없습니다. 영혼이 깨어날수록 기도아닌 것, 주님의 얼굴이 아닌 다른 것으로 만족하는 것은 불가능합니다. 기도하지 않고 살아가는 것은 불가능합니다.

지성소를 향한 주님의 부르심에 대하여, 오직 헌신으로 대답하십시오. 오직 기쁨으로 자신을 드리십시오. 아직 정화되지 않고 드려지지 않은 부분들을 소멸하시는 불이신 주님께 의탁하십시오. 신자에게 있어서 가장 아름답고 놀라운 행복은 주님께 드려지는 것입니다. 그것이 지성소로 나아가는 길이며 그의 부르심에 응답하는 지름길입니다.

아무 것도 염려하지 마십시오. 애써서 무엇을 계획하려고 하지 마십시오. 인생은 우리의 계획대로 되어가지 않습니다. 우리는 주님의 손 안에, 프로그램 안에 있습니다. 우리가 애써서 되는 것은 별로 없습니다.

우리는 오직 조용히 주님의 임재 아래서 자신을 주님께 의탁해야 합니다. 주님을 설득하는 것을 그만 두고 조용히 그분의 인도하심과 프로그램 안에서 안식하며 자신의 생명과 모든 것을 그분께 의탁해야 합니다. 우리에게 필요한 것은 순종과 헌신입니다.

우리가 주님의 손 안에 있을 때, 그분의 뜻 가운데 머물러 있을 때.. 그것은 곧 영광의 세계입니다. 그 지성소의 안식과 영광을 경험한 이들은 자신의 목숨이 수 백 개 수 천 개가 있어도 그것을 주님께 드리기 원할 것이며 그것을 전혀 대수롭지 않게 여길 것입니다.

부디 당신 자신을 주님께 드리십시오. 목숨도, 애정도, 비전도, 취미도, 자존심도.. 그 모든 것들을.. 할 수 있는 한 주님께 드리십시오. 그것이 진정한 자유입니다.
우리가 붙들고 있는 모든 묶임에서 벗어나도록, 그래서 지유롭게 주님께 드릴 수 있도록 우리 인생의 훈련은 진행되기 때문입니다. 그러므로 헌신은 그러한 훈련과 고통의 순간들을 절약하게 합니다.
우리는 주님을 아버지라고 부르며 또한 주인님으로 부릅니다. 그러나 훈련과 정화를 통해서 그분은 결국 우리들을 지성소로, 신부로 부르십니다. 그 부르심을 위하여 우리는 나아가고 있는 것입니다.
우리는 세상에서 살아가면서 물질과 인간관계와 자녀들과 진로와 여러 선택의 기로에서, 문제들로 인하여 방황하지만 그 모든 것들은 주님께서 우리를 부르시고 훈련하시는 가르침과 인도하심의 과정인 것을 이해해야 합니다. 그 모든 것들은 오직 우리를 정화시키며 주님의 사람으로 만들어갑니다.

오늘도, 내일도 이 훈련들을 통하여 성장해 가십시오. 주님께 드려진 제물이 되십시오. 당신이 어제보다 오늘이 주님께 좀 더 드려졌다면, 당신은 성공한 하루를 보낸 것입니다.

당신이 아침보다 지금 더 주님께 드려졌다면, 당신은 성공한 것입니다. 그 과정에서 물질을 손해 보았든, 시간을 손해 보았든, 상처를 입었든, 평판을 잃었든 간에 당신은 성공한 것입니다. 헌신을 위하여 우리는 모든 과정을 겪는 것이기 때문입니다.

인생은 드려짐의 과정입니다. 인생은 주님께 사로잡혀 가는 과정입니다. 주님은 당신을 지성소로 초청하십니다. 그곳에 도달할 수 있도록 정화시키시며 그분의 신부로 부르십니다.

그 부르심에 합당하게 행하며 응답하십시오.

감사하며 찬양하며 순복하고 그 앞에 엎드려 용서를 구하며 계속하여 날마다 자신을 드리십시오.

그렇게 하루하루 걸어가면서 우리는 지성소의 자리에, 영광스러운 자리에 날마다 가까워지는 것입니다. 그리고 그렇게 주님의 손에 사로잡혀 가는 것.. 그것이 곧 인생의 성공이며 영광이며 천국에 속한 삶인 것입니다.

10. 5. 7

도서구입신청

도서 구입을 원하시는 분들을 위한 안내입니다.

1. 도서 목록 확인

페이지를 넘기시면 정원 목사님의 도서 전권이 안내되어있습니다.
도서 목록을 참조하셔서 필요로 하시는 책을 선택하십시오.
각 도서의 자세한 목차와 내용을 원하시면 정원목사 독자 모임 카페의 [저자 및 저서소개] 코너를 참조하십시오. (http://cafe.daum.net/garden500)

2. 책신청

구입하실 도서를 결정하신 후에, 영성의 숲 출판사로 전화를 주세요.
(02 355 7526 / 010-9176-7526. 통화시간: 월~금 오전 9시~저녁 7시)
신청 도서 목록을 알려주시면 입금하실 금액을 안내해 드립니다.
신청하실 때는 책을 받으실 주소와 전화번호를 함께 알려주세요.
책신청은 전화 외에도 영성의 숲 홈페이지의 [책신청] 코너,
출판사 이메일(spiritforest@hanmail.net)을 사용하실 수 있습니다.

3. 송금

안내 받으신 도서 대금을 아래 계좌로 입금해 주세요.
(국민은행: 461901-01-019724, 우체국: 013649-02-049367, 예금주: 이혜경)
신청자 성함과 입금자 성함이 일치하지 않는 경우에는 입금자 성함을
꼭 알려주셔야 확인이 가능합니다.

4. 배송

입금 확인 후에 바로 발송 작업을 하는데, 발송후 도착까지 보통 2-3일 정도가 소요 됩니다. 책을 급하게 필요로 하실 경우에는 일반 서점을 이용해 주세요. 해외 배송을 원하시는 분은 총판을 담당하고 있는 생명의 말씀사로 문의해주시기 바랍니다. (생명의 말씀사 080-022-1211 www.lifebook.co.kr)

<기도 시리즈>

1. 하늘의 권능이 임하는 부르짖는 기도 1
영성의 숲. 373쪽. 13,000원 / 핸디북 10,000원
부르짖는 기도는 모든 기도의 형태 중에서 가장 기본적이고 중요한 기도입니다. 이 기도를 바르게 배우고 적용한다면 하늘의 권능이 임하는 것을 경험하게 되며 모든 면에서 강건한 그리스도인이 될수 있을 것입니다.

2. 하늘의 권능이 임하는 부르짖는 기도 2
영성의 숲. 444쪽. 14,000원 / 핸디북 11,000원
부르짖는 기도 1권은 발성의 의미, 능력과 부르짖는 기도의 전체적인 원리를 다루었으며 2권은 부르짖는 기도의 실제로서 구체적인 기도의 방법과 적용원리를 다루고 있습니다. 3부에 수록된 다양한 승리의 간증은 독자님들에게 좋은 도전이 될 것입니다.

3. 대적기도의 원리와 능력
영성의 숲. 400쪽. 14,000원 / 핸디북 11,000원
대적기도 시리즈 1편. 대적기도는 주님께 간구하는 기도가 아니며 우리에게 주어진 권세와 능력을 발견하고 사용하여 능력과 승리를 경험하는 기도입니다. 이 기도를 알게 될 때 당신의 삶은 진정 달라지게 될 것입니다.
휴대를 위한 작은 사이즈의 핸디북도 있습니다.

4. 대적기도의 적용 원리
영성의 숲. 424쪽. 14,000원 / 핸디북11,000원
대적기도 시리즈 2편. 대적기도에도 원리와 법칙이 있습니다. 그 원리와 법칙을 잘 익혀서 실제의 삶에 적용한다면 우리는 풍성한 삶을 살 수 있습니다. 이 책에서는 그 원리들을 구체적으로 제시해 주고 있습니다.
휴대를 위한 작은 사이즈의 핸디북도 있습니다.

5. 대적기도를 통한 승리의 삶
영성의 숲. 452쪽. 15,000원 / 핸디북 12,000원
대적기도 시리즈 3편. 대적기도를 인간관계, 가정에서의 삶, 복음 전도와 사역에 구체적으로 적용하는 방법을 제시하였습니다. 여기서 제시된 원리를 잘 읽고 적용한다면 삶과 사역에 있어서 많은 변화와 승리를 경험할 수 있게 될 것입니다.
휴대를 위한 작은 사이즈의 핸디북도 있습니다.

6. 대적기도의 근본적인 승리 비결
영성의 숲. 454쪽. 15,000원 / 핸디북 12,000원
대적기도 시리즈 4편. 완결편. 1부에서는 악한 영들을 근본적으로 완전하게 제압하고 승리할 수 있는 원리와 비결을 제시하고 있습니다. 2부에서는 대적기도를 적용하고 경험한 성도들의 사례가 실려 있는데 이것은 각 사람의 적용과 승리에 좋은 참고가 될 수 있을 것입니다. 휴대를 위한 작은 사이즈의 핸디북도 있습니다.

7. 아름답고 행복한 기도의 세계
영성의 숲. 276쪽. 9,000원
〈기도업데이트〉의 개정판. 자연스럽고 편안하게 기도의 아름다움과 행복에 잠길 수 있도록 돕는 책입니다. 기다리는 기도, 듣는 기도, 안식하는 기도 등 다양하고 풍성한 기도의 원리들을 일상의 예화들을 통하여 쉽게 정리하였습니다.

8. 주님의 마음에 이르는 기도
영성의 숲. 309쪽. 10,000원
기도의 원리와 방법에 대한 200개의 조언을 담았습니다. 주님의 마음을 향하여 가는 것. 그것이 기도의 방향이며 목적임을 보여주는 책입니다.

9. 주님의 임재를 경험하는 길
영성의 숲. 308쪽. 10,000원
〈주님을 경험하는 100가지 방법〉의 개정판. 주님의 살아계심과 임재를 경험하기 위한 100가지의 실제적인 방법을 제시하고 있습니다. 사모하는 마음으로 이 방법들을 시도한다면 누구나 쉽게 그분의 역사를 경험하게 될 것입니다.

10. 예수 호흡기도
영성의 숲. 460쪽. 15,000원 / 핸디북 11,000원
호흡을 통한 기도가 주님의 임재와 영적 실제에 들어가는 중요한 비밀이며 열쇠임을 보여주는 책입니다. 이 책에 제시된 원리와 방법을 충실히 시도해 본다면 누구나 놀라운 변화를 경험하게 될 것입니다.

11. 방언기도의 은혜와 능력 1권
영성의 숲. 459쪽. 16,000원 / 핸디북 12,000원
방언기도 시리즈 1편. 방언에 대한 성경적이고 균형잡힌 설명 뿐 아니라, 저자의 개인적인 경험과 간증, 방언을 받는 과정과 통역을 시도하는 과정에 대한 구체적인 설명, 여러 경험자들의 실례가 풍성하게 실려있어, 방언의 은혜에 대해 이해하고 적용하는 데에 실제적인 도움을 주는 책입니다.

12. 방언기도의 은혜와 능력 2권
영성의 숲. 403쪽. 13,000원 / 핸디북 11,000원
방언기도 2편에서는 방언과 통역이 발전해 나가는 과정과 그 영적인 의미를 깊이있게 다루었습니다. 방언의 가치와 의미를 바르게 이해하고 적용하게 될 때, 오래 동안 방언을 사용하면서도 주님의 은총를 누리지 못하던 이들이 주님의 가까우심과 아름다우심을 풍성히 경험하게 될 것입니다.

13. 방언기도의 은혜와 능력 3권
영성의 숲. 489쪽. 15,000원 / 핸디북 12,000원
방언 기도 시리즈의 결론적인 부분을 다룬 책입니다. 방언에 대한 부정적인 견해와 원인들, 방언을 통해 어떻게 부흥이 시작되는지, 은사의 바른 방향과 의미, 목적 등을 정리하였고, 전체적인 요약정리와 함께 경험자들의 구체적인 사례을 첨부하여 실제적인 적용에 도움이 되도록 하였습니다.

<영성 시리즈>

1. 영성의 실제를 경험하는 길
영성의 숲. 357쪽. 12,000원
〈그리스도인의 아름다운 영성〉의 개정판.
많은 은혜의 도구들이 있지만 그것들이 다 주님을 접촉하는 것은 아닙니다. 참다운 영성과 주님을 경험하는 원리를 제시하는 책입니다.

2. 생각의 자유를 경험하는 길
영성의 숲. 228쪽. 8,000원
〈그리스도인의 생각 다스리기〉의 개정판. 우리가 겪는 삶의 대부분의 고통들은 스스로 만들어낸 생각의 감옥에 지나지 않으며 생각을 분별하고 관리함으로써 풍성하고 행복한 삶을 살 수 있다는 메시지를 다양한 예화와 함께 설득력 있게 제시하고 있습니다. 많은 교회에서 훈련 교재로 사용되기도 했습니다.

3. 영성의 중심은 사랑입니다
영성의 숲. 243쪽. 8,000원
하나님의 은혜를 받아들이고 누림으로써 진정한 사랑과 따뜻함의 세계를 경험할 수 있도록 돕는 책. 신앙의 따뜻함과 아름다움을 회복하고, 영혼들을 이해하고 도울 수 있는 관점을 제시하고 있습니다.

4. 영싱의 원리
영성의 숲. 319쪽. 11,000원
영성에도 원리가 있습니다. 이 책은 영성의 발전을 위한 다양한 원리들, 영의 흐름, 영의 인식, 영적 승리를 위한 중보 등의 원리를 실제적인 예와 함께 잘 설명해 줍니다. 영적 부흥과 충만함을 사모하는 이들에게 좋은 참고서가 될 수 있을 것입니다.

5. 문제는 주님의 음성입니다
영성의 숲. 227쪽. 9,000원
우리의 삶에 다가오는 여러가지 어려움들, 문제들은 우연이 아닙니다. 거기에는 주님의 배려와 가르치심이 있으며 반드시 우리가 배워야 할 것이 있습니다. 이 책은 그 문제들에서 주님의 뜻과 음성을 발견하는 원리를 가르쳐 주고 있습니다.

6. 영성의 발전은 어떻게 이루어지는가
영성의 숲. 254쪽. 8,000원
〈영성의 상담〉의 증보 개정판. 영성에 대한 여러 질문과 답변을 통해 다양한 영적현상의 의미와 삶 속에서 영적 성장을 이루는 구체적인 방법들을 소개하고 있습니다.

7. 지금 이 공간에 임하시는 주님
영성의 숲. 340쪽. 12,000원
주님은 믿을수 없을만큼 가까이 계시지만 사람들은 흔히 그분을 무시함으로 그의 임재를 소멸시킵니다. 이 책은 그분의 가까우심과 구체적인 공간을 통한 임재, 나타나심을 경험할수 있도록 실제적인 지침을 제시하고 있습니다.

8. 심령이 약한 자의 승리하는 삶
영성의 숲. 228쪽. 9,000원
영혼의 힘이 약하고 마음이 여리고 민감하여 고통을 겪고 있는 이들을 위한 책. 영혼의 원리 및 기질과 사명을 이해함으로써 이전에 알지 못했던 자유와 해방과 놀라운 행복감을 누리게 될 것입니다.

9. 천국의 중심원리
영성의 숲. 452쪽. 14,000원
천국은 사후에만 갈 수 있는 장소가 아닙니다. 이 땅에 살면서 천국의 임재, 그 천국의 빛과 영광을 경험할 수 있습니다. 이 책에서는 내면세계의 천국을 경험하기 위한 길과 원리를 제시해 주고 있습니다.

10. 행복한 신앙을 위한 28가지 조언
영성의 숲. 348쪽. 12,000원
〈자유롭고 행복한 그리스도인 1〉의 개정판. 묶여 있고 창백한 의식의 틀을 벗어나, 자유롭고 풍성한 믿음의 삶으로 나아가도록 돕는 책입니다. 28가지 조언속에 행복한 신앙을 위한 영적 원리들을 담고 있습니다.

11. 성숙한 신앙을 위한 30가지 조언
영성의 숲. 340쪽. 12,000원
〈자유롭고 행복한 그리스도인2〉의 개정판. 의식이 바뀔 때 천국의 자유와 기쁨을 누릴 수 있음을 보여주는 책입니다. 묶여있는 사고와 습관, 잘못된 의식에서 해방되는 원리를 제시해 주고 있습니다.

12. 의식의 깨어남을 사모하라
영성의 숲. 239쪽. 9,000원
잠과 꿈과 깨어남의 실체를 보여주며 진정한 깨어있음의 세계로 인도하는 책입니다.
의식과 영혼을 깨우기 위한 방법과 원리들을 제시해주고 있습니다.

13. 주님의 마음, 주님의 임재 속으로
영성의 숲. 348쪽. 11,000원
오늘날 주님의 마음에 대한 많은 오해가 있어서 주님의 깊으신 임재에 들어가지 못합니다. 이 책은 그 오해를 풀어주며 우리를 향한 주님의 사랑을 보여주고 그 사랑의 임재 속에 들어가는 길을 안내해주고 있습니다.

14. 영성의 발전을 갈망하라
영성의 숲. 292쪽. 10,000원
영성의 진리 시리즈 1편. 영성을 깨우고 발전시킬 수 있는 다양한 이야기, 원리, 법칙들을 묶은 36가지의 메시지가 수록되어 있습니다. 영혼의 각성에 도움이 되는 지식과 도전을 얻게될 것입니다.

15. 집회에서 흐르는 주님의 은혜
영성의 숲. 254쪽. 8,000원
이미 출간되었던 [집회 가운데 임하시는 주님]을 새롭게 개정하였습니다. 회원들의 간증을 줄이고 더 많은 분량을 추가하였습니다. 집회 가운데 나타나는 주님의 생생한 역사와 이에 관련된 여러 영적 원리를 기술하였습니다. 읽을수록 집회 현장에 있는 듯한 감동과 은혜를 얻을 수 있을 것입니다. 은혜를 사모하는 이들, 영성 사역에 관심이 있는 사역자들에게 좋은 참고가 될 것입니다.

16. 삶을 변화시키는 생명의 원리
영성의 숲. 348쪽. 값 12,000원
삶 속에서 열매를 맺을 수 있는 비결과 원리를 시편 1편의 말씀과 요한복음 15장의 말씀을 중심으로 제시하고 있습니다. 포도나무이신 주님과 가지로서 항상 연결되는 삶이 열매를 맺는 원리이며 은총의 비결인 것을 명쾌한 논지로 설명하고 있습니다. 신앙의 기초와 방향을 분명히 밝히는 책으로서 풍성한 삶과 승리하는 삶을 갈망하는 그리스도인들에게 귀한 도전이 될 것입니다.

17. 낮아짐의 은혜1
영성의 숲. 308쪽. 값 11,000원
쉽게 하나님의 임재를 경험하며 그 은혜 가운데 머무르는 사람이 있습니다. 그 은총의 비밀은 무엇일까요? 그것은 바로 낮아짐이며 이를 통하여 주의 무한한 은혜와 천국의 풍성함을 누릴 수 있음을 본서는 증명합니다. 사람을 파괴하는 높아짐의 시작과 타락, 은혜의 회복, 열매의 풍성함 등을 다루고 있으며 누구나 그 은혜의 세계에 쉽게 이르도록 길을 제시하고 있습니다.

18. 낮아짐의 은혜 2
영성의 숲. 388쪽. 값 14,000원
낮아짐은 감추어진 비밀이며 천국의 문을 여는 보화입니다. 마귀는 낮아짐을 빼앗을 때 그 영혼을 사로잡을 수 있으므로 온갖 유혹으로 이 보화를 가로챕니다. 하나님은 천국의 풍성함을 주시기 위하여 낮아짐을 훈련하시며 인도하십니다. 2권은 적용을 주로 다루며 구체적으로 풍성한 은총을 누릴 수 있도록 권면하고 있습니다.

19. 그리스도를 갈망하는 삶
영성의 숲. 268쪽. 값 10,000원
부흥과 영적 깨어남, 영성의 다양한 원리에 대한 이야기. 삶 속의 이야기와 함께 자연스럽게 풀어서 정리하였습니다. 일상의 사소한 삶에서 영적 원리를 발견하고 적용하도록 도우며 그리스도에 대한 갈망이 증가되도록 도전하고 있습니다.

20. 영이 깨어날수록 천국을 누린다
영성의 숲. 244쪽. 값 8,000원
독자들과 일대일로 마주 앉아서 대화를 하듯이 영적 성장과 풍성한 삶을 누리는 원리에 대해서 메시지를 전달하고 있습니다. 사랑하는 삶, 영성의 깨어남에 대한 새로운 통찰력을 제공해주며 기쁨으로 주님을 따르는 길을 제시해줍니다.

<생활 영성 시리즈>

1. 주님과 차 한잔을
영성의 숲. 220쪽. 6,000원
신앙의 귀한 진리들, 주님을 사모하고 가까이 나아가는 데 도움이 되는 원리들을 유머를 통해 밝고 즐겁게 전달해주는 책입니다.
주님과 같이 차를 한잔 마시는 기분으로 부담없이 읽다 보면 자연스럽게 영적 통찰을 얻을 수 있을 것입니다.

2. 일상의 삶에서 주님을 의식하기
영성의 숲. 280쪽. 8,000원
일상의 사소한 삶 속에서 주님을 의식하며 살아가는 이야기. 신앙과 영성은 기도할 때만이 아니라 일상의 모든 삶 속에서 나타나야 한다. 삶고 사소한 모든 일에서 주님을 의식하는 것이 진정한 행복의 원리인 것을 이 책은 보여주고 있습니다.

3. 일상에서 경험하는 주님의 사랑
영성의 숲. 277쪽. 8,000원
일상의 묵상 시리즈 2편. 사소한 일상의 삶에서 주님의 임재와 사랑을 느끼고 주님의 메시지를 경험하는 이야기. 항상 모든 것에서 주님의 마음과 시선으로 삶과 사람을 보고 느껴야 하며 이를 통해서 날마다 천국을 경험할 수 있음을 사소한 삶의 이야기를 통하여 부드럽게 전달해주고 있습니다.

4. 삶이 가르치는 지혜
영성의 숲. 212쪽. 6,000원
〈삶이 가르치는 지혜〉의 개정판. 우리의 삶에서 경험하는 많은 즐거운 일, 힘든 일들이 결국 우리 영혼의 성장을 위하여 주어진 일임을 보여줍니다. 가슴을 따뜻하게 하는 소박한 이야기들을 통해서 사랑의 중요성을 다시 한번 깨닫게 합니다.

5. 사랑의 나라로 가는 여행
영성의 숲. 156쪽. 5,000원
〈사랑의 나라〉의 개정판. 어른들을 위한 우화로서 한 청년이 여행을 통하여 삶의 목적과 방향을 깨달아 가는 과정이 흥미진진하게 전개되고 있습니다. 즐겁게 이야기를 읽어나가다보면 영적 성장의 방향과 중심, 영적 세계의 에너지와 원리, 흐름을 이해하는데 도움이 될 것입니다.

6. 하나님의 뜻을 발견해 가는 여행
영성의 숲. 269쪽. 신국판 변형 8,000원
성경에 등장하는 입다, 다윗, 암논의 삶과 사건들을 통하여 하나님의 아버지 마음과 하나님의 의도와 훈련을 이해하고 발견하도록 안내하는 책입니다. 등장인물들의 마음과 정서가 드라마처럼 녹아있어 흥미와 감동을 전달해 줍니다.

7. 일상에서 경험하는 주님의 은혜
영성의 숲. 253쪽. 값 8,000원
일상시리즈 3번입니다.
가족 이야기, 모임 이야기, 일상에서 경험하는 여러 가지 일들을 통해서 영적 원리와 교훈을 정리하였습니다.
일기와 이야기 형식으로 기록되어 있어서 즐겁게 읽는 가운데 주님과 같이 걷는 삶의 흐름 속으로 들어갈 수 있게 될 것입니다.

<묵상 시리즈>

1. 맑고 깊은 영성의 세계를 향하여
영성의 숲. 140쪽. 5,000원.
잠언시리즈 1편. 내 영혼의 잠언1을 판형을 바꾸어 새롭게 만들었습니다. 순결하고 맑은 영혼으로 성장하기 위한 진리의 묵상들이 간결하게 정리되어 있습니다.

2, 주님은 생수의 근원 입니다
영성의 숲. 196쪽. 6,000원
〈내 영혼의 잠언2〉의 개정판. 맑고 투명한 영성의 세계로 안내하는 영성 잠언집. 새벽녘의 신선하고 향긋한 바람처럼 우리 영혼을 달콤하게 채워주는 묵상의 글들을 모아서 정리했습니다.

3. 묻지 않는 자에게 해답을 던지지 말라
영성의 숲. 156쪽. 5,000원
삶과 사랑과 영혼의 진리를 담은 잠언 시집.
인생의 의미와 진리, 영성의 발전과정을 예리하면서도 부드러운 시각으로 표현하고 있습니다. 불신자에 대한 전도용으로도 좋은 책입니다.

4. 영혼을 깨우는 지혜의 샘물
영성의 숲. 180쪽. 6,000원
〈영적 성숙으로 향하는 여행〉의 개정판
인생, 진리, 마음, 영성 등 중요한 8가지의 주제에 대한 짧은 묵상을 담았습니다. 맑은 샘물이 흐르듯이 간결한 지혜의 메시지가 영성을 일깨워주는 책입니다.

영이 깨어날수록 천국을 누린다

1판 1쇄 발행	2010년 6월 20일
1판 4쇄 발행	2016년 8월 15일
지은이	정원
펴낸이	이 혜경
펴낸곳	영성의숲
등록번호	2001. 7. 19 제 8-341 호
전화	02 - 355 - 7526 (영성의숲)
핸드폰	010 - 9176 - 7526 (영성의숲)
E - mail	spiritforest@hanmail.net (영성의숲)
홈페이지	cafe.daum.net/garden500 (정원목사 독자 모임)
	cafe.naver.com/garden500 (정원목사 독자 모임)
국민은행	461901 - 01 - 019724
우체국	013649 - 02 - 049367
예금주	이 혜경
총판	생명의 말씀사
전화	02 - 3159 - 8211
팩스	080 - 022 - 8585,6

값 8,000원
ISBN 978 - 89 - 90200 - 80 - 8 03230